"十三五"国家重点出版物出版规划项目
体系工程与装备论证系列丛书

武器装备情报大数据分析技术

王 涛　王本胜　黄美根　王维平　杨 松　著

电子工业出版社
Publishing House of Electronics Industry
北京·BEIJING

内 容 简 介

大数据时代的武器装备情报分析在信息技术特别是人工智能技术飞速发展的推动下，正面临新挑战、呈现新特点、孕育新模式。如何将大数据分析技术与武器装备情报这对具有天然底层关联的东西结合起来研究，有很多维度可以破解。本书从情报大数据分析技术维度出发，着眼大数据背景下的情报类型需求，构建情报分析技术体系架构，剖析快速决策技术、噪声数据处理技术、概念漂移处理技术的底层和应用，并通过综合案例加以应用。

本书以推进武器装备情报大数据分析技术发展为出发点，力求为情报分析、大数据分析、武器装备研发等领域的科学研究提供有益参考。

未经许可，不得以任何方式复制或抄袭本书之部分或全部内容。
版权所有，侵权必究。

图书在版编目（CIP）数据

武器装备情报大数据分析技术 / 王涛等著. —北京：电子工业出版社，2024.2
（体系工程与装备论证系列丛书）
ISBN 978-7-121-46969-5

Ⅰ. ①武… Ⅱ. ①王… Ⅲ. ①武器装备－情报分析－研究 Ⅳ. ①E145②G252.8

中国国家版本馆 CIP 数据核字（2023）第 252331 号

责任编辑：陈韦凯　　文字编辑：底　波
印　　刷：中煤（北京）印务有限公司
装　　订：中煤（北京）印务有限公司
出版发行：电子工业出版社
　　　　　北京市海淀区万寿路 173 信箱　邮编 100036
开　　本：720×1 000　1/16　印张：9　字数：172.8 千字
版　　次：2024 年 2 月第 1 版
印　　次：2024 年 2 月第 1 次印刷
定　　价：89.00 元

凡所购买电子工业出版社图书有缺损问题，请向购买书店调换。若书店售缺，请与本社发行部联系，联系及邮购电话：（010）88254888，88258888。
质量投诉请发邮件至 zlts@phei.com.cn，盗版侵权举报请发邮件至 dbqq@phei.com.cn。
本书咨询联系方式：chenwk@phei.com.cn，（010）88254441。

体系工程与装备论证系列丛书
编委会

主　编　王维平　（国防科技大学）

副主编　游光荣　（军事科学院）

　　　　郭齐胜　（陆军装甲兵学院）

编委会成员（按拼音排序）

陈春良　樊延平　荆　涛　雷永林　李　群

李小波　李志飞　刘正敏　穆　歌　王　涛

王铁宁　王延章　熊　伟　杨　峰　杨宇彬

张东俊　朱一凡

体系工程与装备论证系列丛书
总　　序

1990年，我国著名科学家和系统工程创始人钱学森先生发表了《一个科学新领域——开放的复杂巨系统及其方法论》一文。他认为，复杂系统组分数量众多，使得系统的整体行为相对于简单系统来说可能涌现出显著不同的性质。如果系统的组分种类繁多，具有层次结构，并且它们之间的关联方式又很复杂，就成为复杂巨系统；再如果复杂巨系统与环境进行物质、能量、信息的交换，接收环境的输入、干扰并向环境提供输出，并且具有主动适应和演化的能力，就要作为开放复杂巨系统对待了。在研究解决开放复杂巨系统问题时，钱学森先生提出了从定性到定量的综合集成方法，这是系统工程思想的重大发展，也可以看作对体系问题的先期探讨。

从系统研究到体系研究涉及很多问题，其中有3个问题应该首先予以回答：一是系统和体系的区别；二是平台化发展和体系化发展的区别；三是系统工程和体系工程的区别。下面先引用国内两位学者的研究成果讨论对前面两个问题的看法，然后再谈谈本人对后面一个问题的看法。

关于系统和体系的区别。有学者认为，体系是由系统组成的，系统是由组元组成的。不是任何系统都是体系，但是只要由两个组元构成且相互之间具有联系就是系统。系统的内涵包括组元、结构、运行、功能、环境，体系的内涵包括目标、能力、标准、服务、数据、信息等。系统最核心的要素是结构，体系最核心的要素是能力。系统的分析从功能开始，体系的分析从目标开始。系统分析的表现形式是多要素分析，体系分析的表现形式是不同角度的视图。对系统发展影响最大的是环境，对体系形成影响最大的是目标要求。系统强调组元的紧密联系，体系强调要素的松散联系。

关于平台化发展和体系化发展的区别。有学者认为，由于先进信息化技术的应用，现代作战模式和战场环境已经发生了根本性转变。受此影响，以

武器装备情报大数据分析技术

美国为首的西方国家在新一代装备发展思路上也发生了根本性转变，逐渐实现了装备发展由平台化向体系化的过渡。1982年6月，在黎巴嫩战争中，以色列和叙利亚在贝卡谷地展开了激烈空战。这次战役的悬殊战果对现代空战战法研究和空战武器装备发展有着多方面的借鉴意义，因为采用任何基于武器平台分析的指标进行衡量，都无法解释如此悬殊的战果。以色列空军各参战装备之间分工明确，形成了协调有效的进攻体系，是取胜的关键。自此以后，空战武器装备对抗由"平台对平台"向"体系对体系"进行转变。同时，一种全新的武器装备发展思路——"武器装备体系化发展思路"逐渐浮出水面。这里需要强调的是，武器装备体系概念并非始于贝卡谷地空战，当各种武器共同出现在同一场战争中执行不同的作战任务时，原始的武器装备体系就已形成，但是这种武器装备体系的形成是被动的；而武器装备体系化发展思路应该是一种以武器装备体系为研究对象和发展目标的武器装备发展思路，是一种现代装备体系建设的主动化发展思路。因此，武器装备体系化发展思路是相对于一直以来武器装备发展主要以装备平台更新为主的发展模式而言的。以空战装备为例，人们常说的三代战斗机、四代战斗机都基于平台化思路的发展和研究模式，是就单一装备的技术水平和作战性能进行评价的。可以说，传统的武器装备平台化发展思路是针对某类型武器平台，通过开发、应用各项新技术，研究制造新型同类产品以期各项性能指标超越过去同类产品的发展模式。而武器装备体系化发展的思路则是通过对未来战场环境和作战任务的分析，并对现有武器装备和相关领域新技术进行梳理，开创性地设计构建在未来一定时间内最易形成战场优势的作战装备体系，并通过对比现有武器装备的优势和缺陷来确定要研发的武器装备和技术。也就是说，其研究的目标不再是基于单一装备更新，而是基于作战任务判断和战法研究的装备体系构建与更新，是将武器装备发展与战法研究充分融合的全新装备发展思路，这也是美军近三十多年装备发展的主要思路。

关于系统工程和体系工程的区别，我感到，系统工程和体系工程之间存在着一种类似"一分为二、合二为一"的关系，具体体现为分析与综合的关系。数学分析中的微分法（分析）和积分法（综合），二者对立统一的关系

体系工程与装备论证系列丛书总序

是牛顿-莱布尼兹公式,它们构成数学分析中的主脉,解决了变量中的许多问题。系统工程中的"需求工程"(相当于数学分析中的微分法)和"体系工程"(相当于数学分析中的积分法),二者对立统一的关系就是钱学森的"从定性到定量综合集成研讨方法"(相当于数学分析中的牛顿-莱布尼兹公式)。它们构成系统工程中的主脉,解决和正在解决大量巨型复杂开放系统的问题,我们称之为"系统工程 Calculus"。

总之,武器装备体系是一类具有典型体系特征的复杂系统,体系研究已经超出了传统系统工程理论和方法的范畴,需要研究和发展体系工程,用来指导体系条件下的武器装备论证。

在系统工程理论方法中,系统被看作具有集中控制、全局可见、有层级结构的整体,而体系是一种松耦合的复杂大系统,已经脱离了原来以紧密层级结构为特征的单一系统框架,表现为一种显著的网状结构。近年来,含有大量无人自主系统的无人作战体系的出现使得体系架构的分布、开放特征愈加明显,正在形成以即联配系、敏捷指控、协同编程为特点的体系架构。以复杂适应网络为理论特征的体系,可以比单纯递阶控制的层级化复杂大系统具有更丰富的功能配系、更复杂的相互关系、更广阔的地理分布和更开放的边界。以往的系统工程方法强调必须明确系统目标和系统边界,但体系论证不再限于刚性的系统目标和边界,而是强调装备体系的能力演化,以及对未来作战样式的适应性。因此,体系条件下装备论证关注的焦点在于作战体系架构对体系作战对抗过程和效能的影响,在于武器装备系统对整个作战体系的影响和贡献率。

回顾 40 年前,钱学森先生在国内大力倡导和积极践行复杂系统研究,并在国防科学技术大学亲自指导和创建了系统工程与数学系,开办了飞行器系统工程和信息系统工程两个本科专业。面对当前我军武器装备体系发展和建设中的重大军事需求,由国防科学技术大学王维平教授担任主编,集结国内在武器装备体系分析、设计、试验和评估等方面具有理论创新和实践经验的部分专家学者,编写出版了"体系工程与装备论证系列丛书"。该丛书以复杂系统理论和体系思想为指导,紧密结合武器装备论证和体系工程的实践活动，积极探索研究适合国情、军情的武器装备论证和体系工程方法，为武器装备体系论证、设计和评估提供理论方法和技术支撑，具有重要的理论价值和实践意义。我相信，该丛书的出版将为推动我军体系工程研究、提高我军体系条件下的武器装备论证水平做出重要贡献。

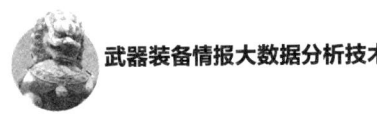

2020.9

---

① 汪老已于 2023 年 1 月 1 日仙逝，这是他生前为本丛书写的总序。

# 前言

情报是竞争的产物。自从有了人类,就有了人类围绕自身利益追求的竞争行为,同时也就有了人类因竞争而产生的情报需求。人类竞争的一个极端形式就是战争,而武器装备又是战争的物质基础和重要因素,对战争的胜负起着至关重要的作用。两千多年前的《孙子兵法》作为一部兵家经典,不仅对战争有着重要的指导作用,其"知己知彼,百战不殆"所蕴含的情报思想,也成为情报分析工作的基本要义和遵循目的。大数据时代的到来,为情报分析领域的研究和实践带来了助力,同时也带来了巨大的挑战。大数据技术不仅给武器装备情报分析技术飞跃发展带来便利,同时也牵动该技术自身的发展。

情报可分析。情报本身是一个亘古恒远的话题,随着时代发展、技术进步和渠道拓展,情报分析的领域、目的、对象、方法、技术等方面都在发生着变化。随着情报分析在政治、经济、军事、文化、科技等领域应用的不断深入和需求的不断延伸,情报分析研究和实践的成果也在不断出现,结构化分析方法、以目标为中心的方法、实证分析方法、定量分析方法等逐渐走向成熟,特别是和大数据技术的结合,使得情报分析变得更加可靠、可信、可追溯、可解释。

数据不说谎。信息技术的迅猛发展,给人类社会带来巨大进步,同时也

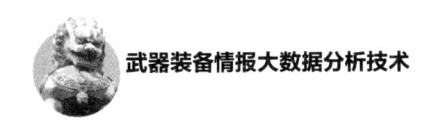

催生着人类生产、生活方式的深刻变革。伴随着海量数据的产生、采集、处理与运用，人类正在步入大数据时代。我们不管是主动还是被动，不管是理解还是拒绝，不管是拥抱还是逃避，最终都不得不去面对或者应对这个大数据时代，武器装备情报分析领域也是如此。

技术在发展。武器装备情报分析是以目标为导向的，其目的决定了其业务流程、方法步骤和工具手段。武器装备情报分析是以技术为基础和支撑的。历史实践证明，武器装备情报分析工作离开了技术的支撑就成了"无源之水、无本之木"，其目的往往也很难达成。近年来，以神经网络、深度学习为代表的人工智能、大数据、云计算（Artificial Intelligence, Big Data, Clouding, ABC）技术的飞速发展，对武器装备情报分析技术产生巨大甚至是革命性的影响。

2003年，在先师陈火旺院士、协助指导老师李舟军教授的前瞻指导下，我以初出茅庐或者说无知者无畏的心态，选择了"数据流挖掘分类关键技术研究"作为自己的博士研究课题，幸得恩师指导，也感谢当年自己的努力，在国内该领域做了一些开创性的研究工作。

2013年，在国家社科基金委的资助下，我申请的"大数据背景下情报信息分析技术"课题得以立项，自己基础理论研究方面的成果终于有了应用领域的结合，现在回想仍然深感幸运甚至侥幸。

基础研究如何与实践应用结合，我结合课题研究做了一些探索，但受限于个人水平，书中肯定存在很多问题，请读者斧正。

最后，感谢陈贻来、王本胜、王维平、朱一凡、顾静起等领导和专家教授在课题研究中所给予我的关心、指导和帮助。

作　者

目 录

第1章 绪论 ·· 001
  1.1 情报 ·· 001
    1.1.1 情报和情报观 ·· 001
    1.1.2 情报的基本分类 ··· 002
  1.2 情报分析 ··· 003
    1.2.1 情报分析的定义与内涵 ··································· 003
    1.2.2 情报分析的类型 ··· 004
    1.2.3 情报分析的思维方法 ······································ 005
  1.3 大数据时代情报分析的机遇与挑战 ····························· 006
    1.3.1 数据规模巨大，对情报数据处理提出了挑战 ······· 007
    1.3.2 数据种类多样，对情报数据整编融合提出了挑战 ··· 008
    1.3.3 数据产生快速，对情报快速处理提出了挑战 ······· 010
    1.3.4 数据价值密度降低，对情报挖掘分析提出了挑战 ··· 011

第2章 大数据背景下的情报模型 ······································ 014
  2.1 传统的情报模型 ·· 014
  2.2 现代战争对情报的需求 ·· 015
    2.2.1 现代战争更多地依赖于情报信息 ······················ 015
    2.2.2 现代战争需要更加及时的情报 ·························· 016
    2.2.3 情报转变为以问题为中心的数据驱动型模型 ······ 017
  2.3 大数据背景下的情报模型概述 ··································· 020

2.3.1　情报分析需要实现自动化 ·· 022
　　　2.3.2　大数据情报需要可视化方案 ·· 023
　　　2.3.3　大数据情报需要更广泛的专业化 ···································· 024

第 3 章　情报大数据分析中的人工智能技术 ·································· 026
3.1　人工智能和机器学习概述 ·· 026
　　　3.1.1　基本概念 ·· 026
　　　3.1.2　研究现状 ·· 027
　　　3.1.3　未来发展 ·· 028
3.2　人工智能技术的应用 ·· 029
　　　3.2.1　实现自动化的层次 ·· 029
　　　3.2.2　人工智能的潜在应用 ·· 030
　　　3.2.3　人工智能的支撑技术 ·· 034
3.3　人工智能方法 ·· 038
　　　3.3.1　神经网络 ·· 038
　　　3.3.2　全连接神经网络 ·· 039
　　　3.3.3　卷积神经网络 ·· 040
　　　3.3.4　递归神经网络 ·· 041
　　　3.3.5　自编码器 ·· 043
　　　3.3.6　深度强化学习 ·· 044
3.4　人工智能方法的脆弱性 ·· 045
　　　3.4.1　对机器视觉系统的攻击 ·· 045
　　　3.4.2　对语音识别系统的攻击 ·· 046

第 4 章　基于数据流挖掘的情报分析技术体系架构 ······················ 048
4.1　情报分析过程 ·· 048
　　　4.1.1　大数据时代情报分析技术发展 ·· 048
　　　4.1.2　传统的情报周期 ·· 050
　　　4.1.3　以目标为中心的情报流程 ·· 052
4.2　基于数据流挖掘的情报分析系统体系架构 ···························· 054
　　　4.2.1　数据挖掘概念 ·· 054
　　　4.2.2　数据挖掘的过程与步骤 ·· 054
　　　4.2.3　情报分析中数据挖掘技术的功能用途 ································ 055
　　　4.2.4　基于数据挖掘的情报分析系统 ·· 056

  4.2.5 基于数据流挖掘的情报分析技术体系 ················· 057
 4.3 大数据背景下情报数据流挖掘分析的关键技术 ················· 060
  4.3.1 信号噪声处理技术 ················· 061
  4.3.2 数据分类处理技术 ················· 062
  4.3.3 概念漂移处理技术 ················· 062

第5章 大数据情报信息快速决策树分类技术 064

 5.1 分类技术基础 ················· 064
 5.2 分类器模型构建方法 ················· 065
 5.3 增量式分类器 ················· 066
  5.3.1 快速分类决策树 ················· 066
  5.3.2 基于线索化排序二叉树的快速决策树分类方法 ················· 067
  5.3.3 连续属性区间剪枝 ················· 068
  5.3.4 增量模糊决策树 ················· 070
  5.3.5 可伸缩分类决策树框架 ················· 071
  5.3.6 概念漂移适变快速分类决策树 ················· 071
 5.4 快速分类决策树 ················· 073
  5.4.1 快速分类决策树框架 ················· 073
  5.4.2 分类精度 ················· 076
  5.4.3 决策树生成过程 ················· 079
  5.4.4 属性选择测度 ················· 080
  5.4.5 连续属性处理 ················· 081
  5.4.6 连续属性样本增量插入 ················· 081
  5.4.7 连续属性的属性树线索化过程 ················· 082
  5.4.8 最佳划分节点选取 ················· 082

第6章 大数据情报信息噪声数据处理技术 084

 6.1 噪声数据处理流程 ················· 085
 6.2 噪声数据处理算法基础理论 ················· 086
  6.2.1 模糊理论基础 ················· 086
  6.2.2 决策树构造中的连续属性处理 ················· 086
  6.2.3 传统决策树和模糊决策树 ················· 086
  6.2.4 基于连续属性平滑离散化的模糊决策树生成过程 ················· 088
 6.3 噪声数据增量模糊决策树算法实现 ················· 090

第7章 大数据情报信息概念漂移处理技术 ······ 093
7.1 概念漂移基础 ······ 093
7.1.1 概念漂移定义 ······ 094
7.1.2 概念漂移分类 ······ 095
7.2 概念漂移处理方法 ······ 096
7.2.1 STAGGER 和 FLORA ······ 096
7.2.2 OLIN ······ 096
7.2.3 UFFT ······ 096
7.3 概念漂移自适应快速分类决策树算法框架 ······ 097
7.4 基于扩展哈希表的概念漂移自适应快速分类决策树算法 ······ 099
7.4.1 扩展哈希表基本数据结构 ······ 099
7.4.2 新数据到达时的扩展哈希表插入过程 ······ 100
7.4.3 数据流出时的扩展哈希表删除过程 ······ 100
7.4.4 连续属性最佳划分节点选取过程 ······ 102

第8章 武器装备情报大数据分析案例 ······ 103
8.1 基于 LLA 的国防采办决策 ······ 103
8.1.1 研究背景 ······ 103
8.1.2 词法链接分析方法 ······ 104
8.1.3 词组产生和"文本-概念-聚类"模型 ······ 107
8.1.4 词法链接分析用于国防采办可视化环境 ······ 109
8.2 服务采办决策的大数据分析 ······ 112
8.2.1 研究背景 ······ 112
8.2.2 研究方法和过程 ······ 114
8.2.3 研究结果 ······ 115
8.2.4 结论 ······ 118
8.3 装备维修决策的大数据分析 ······ 118
8.3.1 研究背景 ······ 119
8.3.2 研究方法和过程 ······ 119
8.3.3 结果和结论 ······ 120

参考文献 ······ 125

第 1 章

绪论

武器装备情报信息的获取、分析与运用对装备论证工作与军队建设发展起着重要作用。但是,受限于竞争对抗、保密封锁、数据繁杂、背景噪声等因素制约,武器装备情报信息的分析往往面临着巨大的困难与挑战。

情报是竞争的产物。自从有了人类,就有了人类围绕自身利益追求的竞争行为,同时也就有了人类因竞争而产生的情报需求。人类竞争的一个极端形式就是战争,而《孙子兵法》中追求"知己知彼,百战不殆"的思想,也就成为千百年来情报分析工作的基本要义和遵循目的。数据作为情报分析加工的基础原料,历来被情报分析工作者所重视和追寻。大数据时代的来临,为情报分析提供了更多的数据来源和技术手段支撑,但同时也给情报分析工作带来了更大的"数据迷雾"。如何着眼信息技术的最新发展,特别是大数据技术所带来的牵动作用,有效提升情报数据分析的能力水平,已成为情报分析领域亟待回答的重大课题。

1.1 情报

从不同的维度看,情报有诸多定义。从字面含义的维度看,有研究者采用拆字的方法将两个字拆开,解释为"有情有报告"就是"情报";从情报收集手段的维度看,有研究者将其定义为"通过秘密手段收集来的、关于敌对方外交、军事、政治、经济、科技等信息";从情报处理流程的维度看,有研究者将其定义为"被传递、整理、分析后的信息"。

1.1.1 情报和情报观

厘清和定义"情报"这一基本概念,是情报学科的基础性工作,也是构建情报学理论体系的基础工作,对情报分析工作和技术发展具有重大的影响。情报究竟是什么?国内外对情报的定义到目前为止仍然是众说纷纭。据有关文献资料统计,目前国内外关于情报的定义数以百计,其中情报观的不同是产生诸多情报定义的主要因素。目前,流行的三种情报观如下。

(1)军事情报观。《辞源》(1915年版)中,关于"情报"的定义是"军中集种种报告,并预见之机兆,定敌情如何,而报于上官者";《辞海》(1939年版)中,关于"情报"的定义是"战时关于敌情之报告,曰情报";《辞海》(1989年版)中,关于"情报"的定义是"获得的他方有关情况以及对其分析研究的成果";《辞海》(光明日报出版社版)中,关于"情报"的定义是"以侦察的手段或其他方式获取有关对方的机密情况"。

(2)信息情报观。信息情报观主要是将情报理解和解释为信息,其关于情报的表述主要有"被人们感受并可交流的信息""含有最新知识的信息""被人们所利用的信息""某一特定对象所需要的信息"等。

(3)知识情报观。知识情报观主要将情报理解和解释为知识。《牛津英语词典》中将其表述为"有教益的知识的传达""被传递的有关情报特殊事实、问题或事情的知识";情报学家B.C.布鲁克斯认为"情报是使人原有的知识结构发生变化的那一小部分知识";情报学家A.H.米哈依洛夫认为"情报——作为存储、传递和转换的对象的知识";日本《情报组织概论》一书则认为情报是"人与人之间传播着的一切符号系列化的知识";国内情报学界对情报的定义主要有"情报是传播中的知识""情报是运动着的知识""情报就是作为人们传递交流对象的知识"等。

除从军事情报观、信息情报观、知识情报观三个方面对情报有很多定义外,还有其他从不同的社会功能、角度、层面所做出的定义。综合以上情报的定义,可以将情报定义为"情报是为实现主体某种特定目的,有意识地对有关的事实、数据、信息、知识等要素进行劳动加工的产物。目的性、意识性、附属性和劳动加工性是情报最基本的属性,它们相互联系、缺一不可,情报的其他特性则都是这些基本属性的衍生物。"

1.1.2 情报的基本分类

我国兵学圣书《孙子兵法》将情报更多解释为谍报,并将间谍分为乡间、内间、反间、死间、生间五种。其中,"乡间"是指利用敌方乡人作为间谍的人;"内间"是指利用敌方官吏作为间谍的人;"反间"是指敌方间谍成为我方间谍的人;"死间"是指制造假情报,并潜入敌营将其传给敌方的我方间谍;"生间"是指探知敌人情报后能够生还的人。

按照情报的应用范围,可将情报分为科学、经济、技术、军事、政治等多个类型。按照情报的内容及其作用,可将情报进一步分为战略性情报和战术性情报两类。战略性情报是指某一组织或领域事关全局的总体性、方向性、指导性的情报信息,可能包括宏观政策、科学依据、总体论证和规划方案等内容。战略性情报的形成,往往需要经过决策者或情报分析人员严密的逻辑思维过程和宏观推理过程,并且具有很强的战略洞见和预判性质。战术性情报则是指对事情局部的一些具体问题的情报信息。战略性情报与战术性情报在层级上有所区别,但二者相互关联、相互作用。战术性情报为战略性情报提供支撑,而战略性情报可以为战术性情报确定方向。

1.2 情报分析

在情报相关的诸多工作中,情报分析处于核心地位。情报分析是所有情报工作中的核心工作。只有通过情报分析才能将情报数据转化为最终的情报产品。

1.2.1 情报分析的定义与内涵

所谓"分析",是指将研究对象的整体分解到具体的组分、层级和要素,进而对具体构成进行考察,并且加以相互联系、相互验证、相互补充。

情报分析也称为信息分析或情报研究,其目的是根据用户的某种需求,以信息技术和软科学研究方法等为主要手段,以情报信息的采集、选择、评价、分析和综合等系列化加工为基本过程,形成新的、增值的情报产品,为不同层次科学决策服务。情报信息分析是一个以情报源数据和信息为基础资源和处理对象,并通过对情报数据的加工处理、分析挖掘形成情报产品,从而满足用户需要、服务用户需求的过程。随着信息技术尤其是大数据技术的飞速发展和推广应用,可用于情报分析的情报数据来源更趋多源,数据格式更趋多样,数据规模更加巨大。随着情报分析的大数据时代的到来,情报信息分析技术的发展也面临着新的机遇和挑战。情报分析这一术语在情报界有着相当宽泛的含义,目前尚未有统一的概念定义。官方和民间的研究者从多重角度对情报分析的内涵和外延进行了界定和描述。

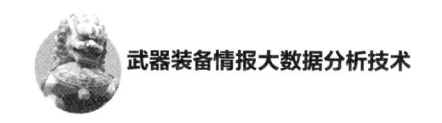

2011年版《军语》对"情报分析"的定义：情报分析是指对情报资料进行甄别、筛选、研究、判断，最后形成结论的活动。《军事情报大词典》对"情报分析"的定义：情报分析是指情报整编人员对所获取各种有关情报资料进行"去粗取精、去伪存真、由此及彼、由表及里"的思维加工过程。情报分析是情报整编工作的重要环节和核心部分，其基本任务是情报鉴别、形势分析和趋势预测。情报分析的基本特点具体表现为"四个结合"，即专指性与层次性相结合，主观性与客观性相结合，全局性与综合性相结合，前瞻性与对策性相结合。情报分析常用的基本方法为联系比较法、划分阶段法、分析综合法、归纳演绎法、阶级分析法。情报分析的基本要求：资料积累要扎实、全面；课题提出要敏锐、适时；分析研究成果处理要恰当；观点确立要求真、务实；谋篇文字要严谨、精当；材料使用要充分、得当；判断结论要准确、鲜明；对策建议要层次高、指向强。

美国《国防部军事与相关术语字典》对"情报分析"的描述：情报分析是通过对全源数据进行综合、评估、分析和解读，将处理过的信息转化为情报以满足已知或预期的用户需求的过程。

毛泽东曾经指出，情报分析是要对各方面的情况进行必要而周密的侦察和了解，要对所获取的情报数据进行"去粗取精、去伪存真、由此及彼、由表及里"的思考分析。

以上对情报分析的定义和表述各不相同，但从其内涵来看，所谓情报分析就是根据任务需求，通过对所获取的情报数据的处理分析，形成情报产品以满足用户需求、支持用户决策的过程。在情报工作的所有环节中，情报分析是其中的核心环节，是情报工作的价值得以体现和发挥的关键步骤。

1.2.2 情报分析的类型

根据情报分析的目的、方法、流程、关注点等的不同，一般可将情报分析分为描述性分析、解释性分析、评估性分析、预测性分析等四种类型。

描述性分析是指基于某种逻辑关系，综合各种零散的情报数据信息，以描述事件的基本情况，进而回答决策者关于"何人""何时""何地""何事"等问题，主要回答"是什么"的问题。美国情报界形象地将描述性分析称为拼图游戏或连点成线。描述性分析基本属于资料驱动的分析。只要掌握恰当的情报资料，拥有基本的整编技能，情报分析人员就能胜任描述性分析的工作。

解释性分析是指基于辩证法的思想和联系的观点，情报分析人员运用自己所掌握的专业技能，对情报数据进行处理分析，并追溯事件缘由，探寻关联联系，总结发展规律，预判未来发展，从而回答决策者或情报用户的问题或解释事件原因。解释性分析需要构建各项事实、各个事件、各种现象、各种规律、各种趋势之间的联系，并回答"为什么"的问题。

评估性分析主要判断关键问题或事件的意义，并指出其潜在的后果。在评估性分析中，情报分析人员要回答"威胁是在增加还是在减少""风险变高还是变低了""局势是在向好的方向发展还是将会失控"等问题，主要回答"意味着什么"的问题。

预测性分析是指以未来趋势预判为导向，在已掌握的数据和案例基础上，通过回归、外推、演绎、仿真、计算等方法，回答"将来会发生什么"的问题。描述性分析、解释性分析和评估性分析主要以现在和过去的情报数据为基础和目标；而预测性分析则主要基于已有的情报数据和历史案例为基础和目标。此外，评估性分析往往还作为预测性分析的基础。

1.2.3 情报分析的思维方法

小理查兹·J. 霍耶尔在《情报分析：结构化分析方法》一书中就情报分析的思维方法进行了阐述。该书将情报分析的思维方法分为结构化分析方法、批判性思维方法、实证分析方法、准定量分析方法四种。

1. 结构化分析方法

结构化分析方法是一种循序渐进的过程，以易于被他人彻底观察的方式，将分析人员的思考过程外化并被逐条逐步地审查、讨论和批判。结构化分析通常是一种协作性工作。结构化分析过程的透明化，可以让参与其中的分析人员接触发散性的或冲突的观点。结构化分析方法的主要优点是能够减少由于单个人员的认知局限、固化的思维模式，以及分析偏好所带来的影响。

结构化分析方法经常使用的方法包括"结构化头脑风暴法""情景分析法""竞争性假设分析法""关键假定检查法""指标法"等。结构化分析方法在大学、科研单位有很好的教授和普及，但即使对那些没学过高等数学、概率论、统计学等课程的分析人员，也可以很好地使用该方法。

2. 批判性思维方法

作为长期从事情报分析方法理论研究,并有着丰富的情报分析实践经验的专家——杰克·戴维斯认为,批判性思维是一个科学探索的过程,是情报价值在战略情报中的应用。

善于运用批判性思维的人会不断反思"关键用户是谁""问题是什么""最佳信息从哪里来""如何提出最让人信服的理由""如何高效地传递信息"等问题。批判性思维需要对关键假定的结论进行深入检查,寻找到证伪的数据,同时还需要尽可能长时间地主动应对多种解释。

3. 实证分析方法

实证分析更多的是使用定量数据。用于情报分析的实证数据与专家经验(数据)往往会存在很大差异。因此,实证分析方法在实际应用中所针对的问题类型和所采用的具体方法会不一样,经常采用的是计量经济学建模。

实证数据往往需要通过收集传感器、互联网、生产过程数据等加以分析处理,并要求分析人员具有较好的统计学、经济学、信息科学等学科的专业基础。

4. 准定量分析方法

准定量分析主要基于专家所生成的数据,对缺少实证数据支撑的领域和情况进行情报分析。在缺少实证数据的情况下,可以采用专家意见、专家打分等方法进行量化分析,如可以通过专家对关键属性进行"高""中""低"的分级,或者根据专家的主观经验做出概率判断。

该方法常用的技术有贝叶斯推理、仿真实验等,并需要情报分析人员具有较好的数学、信息科学、运筹学、建模仿真等学科的专业基础。

上述四种方法各有优劣,往往需要根据所掌握的情报数据、分析方法、分析目的等不同而灵活选择使用,很多情况下还需要组合使用多种分析方法。

1.3 大数据时代情报分析的机遇与挑战

大数据时代情报分析不仅在于拥有更加多源、规模更加巨大的情报数据,更为重要的是需要通过人工智能、云计算、大数据等分析技术,对规模巨大、类型多样、价值密度低的海量情报数据进行分析处理,进而更加快速有效地得到有用的情报信息和高价值的情报产品。大数据时代的情报分析技术问题研究，不仅是情报工作理论创新的内在需要，更是积极应对情报大数据分析领域的挑战的必然趋势和内在要求。对于大数据时代的情报分析工作，谁能更好地掌握、分析和利用数据，谁就能占得先机和夺取制高点。大数据时代的情报分析在拥有数据来源、分析技术和方法等便利的同时，也面临着更大的挑战。

1.3.1 数据规模巨大，对情报数据处理提出了挑战

大数据的首要属性是数据规模巨大。随着信息化技术的发展与推广应用，人类所产生的数据正在飞速激增，各种互联网络、计算机终端、传感器、线上交易和媒体社交正在产生着实时海量的数据，并呈现指数级爆炸增长的趋势。据有关资料统计，阿里巴巴的淘宝网站每天交易量多达数千万条，其数据量超过 50TB；百度公司的搜索引擎每天需要处理大约 60 亿次的用户搜索请求，将产生高达几十 PB 的数据。一个 8bit/s 的摄像头每小时产生的数据量能够达到 3.6GB。如果一个城市安装有几十万个交通、安防等摄像头，则每个月所产生的数据量将高达几十 PB。据有关资料显示，美军随着作战理论、作战概念等的变化，在过去 10 年中其作战飞机、运输机、坦克等武器平台数量减少了 11%，但与情报、监视和侦察平台相关的装备平台数量却增加了近 3 倍。以阿富汗战场为例，美军的情报、监视和侦察平台每天所产生的数据量超过了 53TB。军事、经济、医疗、科研、娱乐等行业领域都正在产生着实时的海量数据。根据国际数据中心的"数字宇宙"研究报告，2011 年全球的数据存储量约为 1.8ZB，2015 年的数据存储量超过 8ZB，而 2020 年达到 40ZB，10 年时间的全球数据存储量增长已超过 20 倍。

面对越来越大的实时海量数据，如何高效地进行数据处理已成为情报分析面临的巨大挑战。情报数据本身并不是有价值的情报成果和情报产品，有些时候还会成为情报分析负担，甚至会使情报分析人员陷入"数据迷雾"。只有对海量的情报数据进行及时有效的情报分析，才能真正挖掘发现情报数据的价值。据国际数据中心的数据统计，2012 年如果能够对全球所产生的数据进行有效分析和标记，其中约 23%的数据将会变为有效数据（约为 643EB），但实际上只有 3%的数据被进行了有效标记，大量的数据并没有被有效利用，造成了极大的浪费和损失；2020 年如果能够对全球所产生的数据进行有效分析和标记，其中约 33%（数据总量约为 13000EB）的数据将会变成有效数据。

大量的数据背后所隐藏的知识并没有得到有效的挖掘、发现和利用。如何有效挖掘大数据所隐藏的知识、提高大数据的价值已经成为大数据的关键技术挑战，也是情报分析所需要突破的关键技术和不得不面对的问题。另一类重要应用是基于海量数据构建模型，进而能够进行相关预测。传统的数据处理技术更加注重记录历史、关注状态、统计分析和生成报表，而大数据是不断更新、流动和累积的，具有典型的数据流特征，在记录历史的同时，也能够反映未来的发展趋势。过去，由于数据规模偏小，基于数据挖掘知识、解决问题并没有得到充分的重视和发展；现在，随着数据的不断产生和积累，基于数据寻找规律、探寻关联、推断因果、预测未来和辅助决策已越来越受到重视。

传统的情报分析工作主要依靠人力完成，但面对如今实时海量的情报数据，仅依靠人力已很难完成。这种通过人工方式进行分析、归纳和演绎的情报分析模式，不仅无法对所拥有的情报数据进行全面分析造成资源浪费，而且分析结果很容易受主观因素影响造成误读。随着情报大数据时代的来临，情报分析在拥有更多海量数据资源的同时，也使得情报分析工作更多地需要信息技术手段的支撑。"用数据说话"已经成为情报分析的必然要求和突出特点。

1.3.2 数据种类多样，对情报数据整编融合提出了挑战

大数据的另一属性是数据类型多样、复杂多变。传统的数据处理随着时间的推移和业务数据的不断累积，数据规模变得非常庞大，但这些数据往往是便于分析的结构化数据。结构化数据由于是事先定义的，并且进行了一定的抽象和忽略了部分信息，因此非常便于计算机存储、处理和查询。处理和分析此类结构化的数据，可以根据业务需要，事先分析数据的构成和属性。由于结构化数据都以表格的形式进行记录，数据都有统一的表示和存储格式，所以对于随后产生的数据只需要根据数据的属性进行取值，就可以方便地存储和进行后续的处理、分析、查询和管理等操作。结构化数据一般不需要因为数据量的增加而修改数据处理分析方法。结构化数据处理主要受限于计算速度、存储空间等资源，其处理复杂度随着数据量的增加一般呈线性增加。随着互联网络技术的发展和普及，产生了大量非结构化数据。非结构化数据不具备统一的表格结构和属性描述，因此在对数据进行记录时，除了需要记录数据数值，同时还需要记录其数据结构，这样就极大地增加了数据存

储、处理的技术难度。经统计，目前非结构化数据在数据总量中的占比已达到 75%，且非结构化数据比结构化数据的规模增速快 10~50 倍。在非结构化数据规模激增的同时，其类型也在不断发展，并呈现复杂、多样的趋势，这样的非结构化数据已经无法使用传统的结构化数据的方式进行记录、存储、管理和分析使用。

信息技术飞速发展的同时，情报分析工作也更加趋于综合，所要分析的数据更加多源，分析的要素更加多样，分析的手段更加先进，为基于先进信息技术的多源情报数据相互补充印证提供了可能。DRC 公司高级技术主管帕特里克·德伦赫说："各种系统都在生产各种类型的数据，并将其存储在数据竖井中。要想使用数据并应用分析法来开发一幅统一的作战空间视图，就必须能够从时间和空间上对所收集的数据进行规范和协调。"大数据背景下情报数据分析往往需要用到多种不同类型的数据，并且需要更加先进的情报分析技术，以进一步提高情报分析的总体科学性、手段先进性和结论准确性，这已成为情报分析工作的时代要求，也将是情报分析技术发展的趋势。

综合利用来源广泛、类型众多、结构各异的情报数据面临着诸多挑战，数据的整编融合就是其中之一。所谓数据整编融合，是指对来自不同数据源、不同采集方式、不同数据结构的大量情报数据进行信息汇聚处理，形成具有统一格式表达、能够支持多种应用需求的数据集合。如何对多源情报数据进行处理分析和综合利用，并通过相互补充印证，获取对同一事物、事件更加客观、本质、深刻的认识，是情报数据整编融合需要解决的重要问题。

数据整编融合是决定情报信息价值的关键。在大数据背景下，美军认为影响数据融合的壁垒主要有以下两个方面。

一是部门壁垒。受国家政府机构和军队部门设置的影响，大量的数据通常按部门单独保存，无法进行集中统一管理。美军自 20 世纪 60 年代开始，先后对国防部范围内的数据实施统一、集中和"以网络为中心"式的数据管理，以实现信息系统的互连、互通与互操作。其情报机构经过多次调整，也成立了相对集中的情报部门，但随着国家安全向非军事领域延伸，军民之间的门户壁垒始终无法破除。美国政府的《设计数字化未来》报告认为，确保美国国家安全和国土安全的大数据至少应涉及国防部、情报界、执法机构、国土安全部 4 大部门。这些部门虽然有共同的目标，但其使命任务不同，利用网络技术的方式方法不同，导致始终无法打造这些部门机构彼此联通的共同技术和数据基础。

二是格式壁垒。传统的情报数据的表现形式多为文本、数字、表格等，而随着网络技术的飞速发展，网页浏览、微信社交、传感器网络等已经成为新的情报数据重要来源，视音频、图片、用户点击等非结构化数据也成为主要的数据形式，而这些数据的属性特征、分析模式、分析技术和分析需求等都差别很大。

1.3.3 数据产生快速，对情报快速处理提出了挑战

随着互联网络、传感器等技术的飞速发展普及，数据的产生、采集、管理变得更加便利，数据产生的途径也更趋多样，数据以爆炸的形式快速增长，数据规模不断增长并呈现了海量特征，而且往往是 TB、PB、ZB 数量级的。数据规模在飞速增长的同时，还呈现了不断流动的特征，并且这种流动数据的价值随时间推移而迅速降低。如果不能对海量数据进行及时有效的处理，大量数据的价值就无法得到充分挖掘和利用。此外，现实中的很多业务本身就需要能够实时处理不断产生的大量数据，如电子商务在线交易网站，就具有很强的海量数据处理时效性要求，业务数据以数据流的形式快速产生、快速流动、快速消失，并且数据的流量、流速通常呈现不平稳状态，某些特定时段会突然激增，而某些时段又会下降很多，这就要求具备快速、持续的实时处理能力。因此，如何及时有效地处理实时海量数据，也成了情报分析技术需要突破的关键技术。

著名的战略管理大师亨利·明茨伯格认为战略具有深思熟虑、动态应急两大特征，在某种程度上这也是情报分析工作的两大需求。在传统的情报分析环境中，必须有充足的分析时间作为保证，才能提供更加准确可靠的情报产品和参考决策。在大数据背景下，情报分析工作面临实时海量情报数据分析的挑战。因此，只有通过快速有效的处理分析技术手段支撑，才能更加有效地挖掘和利用这些数据，否则不断激增的数据不仅不能为情报分析带来优势，反而会成为情报分析、形成情报产品和辅助用户决策的负担。

美军认为，其当下的指挥信息系统只能每小时处理 10TB 的数据，所收集的数据还有 2/3 没法处理。这些数据洪水，使他们无法做出正确的预测结果，甚至不能提供有益的分析结论。滞后的分析往往对作战起不到积极的支持作用。在伊拉克战争和阿富汗战争中，美军通过大量情报、侦察和监视系统的使用，加之各种地面传感器，其雷达、光电、声音、影像侦察能力已实现对战场的全覆盖，在 24 个小时内可以产生 53TB 的数据，收集的数据被全

部存入数据库。尽管美全军约有 8 万人不间断地进行空间及空中侦察图像数据分析，但只是穷于应付，对这些数据进行分析需要数年时间。毫无疑问，这种滞后的数据处理形式根本达不到情报实效性的要求。

美国总统行政办公室、总统科技顾问委员会 2010 年提交的《设计数字化未来》报告认为，面对指数级增长的大数据，对数据加以收集、管理和分析是网络与信息技术研究中日益关注的事项。数据挖掘、机器学习等自动分析技术的发展，为数据向知识、知识向行动的转变提供了更好的支撑。大数据的处理模式主要有流处理、批处理两类。其中，流处理是对数据直接进行处理的；批处理需要对数据先存储然后进行处理。指挥信息系统的处理能力决定数据信息的时效性。而现实问题是，数据流量正在不断增加，预计 10 年之后连接到网络上的终端数量将是 50 多亿，实现 10 倍的增长；同时，数据流量将会出现飞跃性的发展，未来 10 年移动数据流量会增长 1000 倍。网络数据流量的激增给信息网络运行带来了巨大挑战，必然要求提高对数据信息的处理能力。美军通过开发智能软件，解决了数据信息实时处理的难题。其作战人员助手人工智能软件，可自动搜寻各类文本交谈工具，探测士兵之间有关敏感目标的对话信息，提前将其反馈给未来指挥所的通用作战图。例如，当某部队的士兵发现地雷场后，通常会在各类信息系统上人工输入相关信息，该软件能够自动提取地雷场的网格坐标，将其自动输入未来指挥所系统，提前 15～20 分钟，在通用作战图上生成相关信息。在人工智能技术、作战理论与战术知识数据库的驱动下，"作战人员伴侣"将能够完成清理未来指挥所显示屏、突出重要信息、提供警告和建议等辅助用户决策和执行正确的行动方案的功能。

1.3.4 数据价值密度降低，对情报挖掘分析提出了挑战

价值是大数据的终极意义所在。随着社会信息化程度的不断提高、数据存储量的不断增加、数据来源和数据类型的不断多样化，数据正成为新型资产，是情报分析的重要基础。然而，大数据的价值虽然巨大，但其价值密度很低。以战场数据为例，随着大数据技术的应用，战场上各种传感器、武器平台、作战单元、人工情报信息交叉重叠，特别是在复杂电磁环境和信息对抗激烈的作战背景下，破损、伪装和欺骗数据大量存在，而通过多维空间采集的大量视频信息中，有的视频信息可能仅有一两秒，有价值的视频信息被深深埋藏在大量的视频信息之中。

大数据价值密度低是大数据关注的非结构化数据引起的。传统的结构化数据，依据特定的应用，对事物进行了相应的抽象处理，每一条数据都包含该应用需要考虑的信息，而大数据为了获取事物的全部细节，不对事物进行抽象、归纳等处理，直接采用原始数据，保留了数据的原貌，且通常不对数据进行采样，直接采用全体数据。不对数据进行采样和抽象处理，可以呈现所有数据和全部细节信息，从而可以分析更多的信息，但也引入了大量没有意义的信息，甚至是错误的信息。因此，相对于特定的应用，大数据关注的非结构化数据价值密度偏低。以当前广泛应用的监控视频为例，在连续不间断的监控过程中，大量的数据信息被存储下来，许多数据信息可能是无用的，对某一特定的应用，如获取犯罪嫌疑人的体貌特征，有效的数据信息可能仅有一两秒，大量不相关的视频信息增加了获取有效的一两秒数据信息的难度。但是，大数据价值密度低是指相对于特定的应用，有效的信息相对于数据整体是偏少的，且信息有效与否也是相对的，例如，对某些应用是无效的信息，而对另一些应用则成为最关键的信息。数据的价值也是相对的，有时一条微不足道的细节数据可能造成巨大的影响，例如，网络中的一条几十个字符的微博信息，就可能通过转发而快速扩散，导致相关的信息大量涌现，其价值不可估量。因此，为了保证对于某些应用有足够的有效信息，通常必须保存所有数据，这样就一方面使数据的绝对数量激增，另一方面使数据包含有效信息量的比例不断减少，从而使数据价值密度偏低。

因此，往往需要对海量的数据进行挖掘分析，才能得到真正有用的信息，为情报分析提供服务。广义的数据挖掘指整个知识发现的过程，是从大量的、不完全的、有噪声的、模糊的、随机的实际应用数据中提取隐含在其中的、人们事先不知道的、潜在有用的信息和知识的过程。它涵盖了数据分析和知识发现的任务，从数据特征化与区分，到关联和相关性分析、分类、回归、聚类、离群点分析、序列分析、趋势和演变分析等，吸纳了统计学、机器学习、模式识别、算法、高性能计算、可视化、数据库和数据仓库等领域的技术，并可以用于任何类型的数据，包括数据库、数据仓库等基本类型，也包括数据流、序列数据、文本数据、Web 数据、图数据等其他类型。

从数据挖掘的含义看，数据挖掘与情报研究有着天然的联系；从数据挖掘的方法看，数据挖掘有特定的含义和实现过程，可以有效地解决情报分析研究的问题。例如，情报研究可以借鉴关联规则发现的成功案例——超市的"啤酒+尿布"，尝试用关联规划来分析研究主题的相关性，从科技论文与专利的关联中发现科技的转换关系等。但从目前的情报研究成果看，许多还仅仅停留在简单的频率统计、共词计算层次上，在知识发现的过程中，这些仅仅是数据挖掘的数据准备工作，还有待于更为深入的数据挖掘工作。可见，数据挖掘能够也应该应用于情报分析研究领域，这不仅是数据挖掘应用扩展的结果，也是情报分析研究自身发展的需要。此外，由于较少有专门针对情报分析领域研发的数据挖掘工具，现有情报分析通常借助于其他工具，不同工具的功能不同，这就导致常常同时使用好几个分析工具，例如，在使用 SPSS 进行聚类分析的同时，还使用 Ucinet 分析社会网络。这带来的问题是，分析缺乏完整性，社会网络和其他信息之间可能有关联，但数据挖掘工具的分割性导致潜在模式的丢失。因此，研发适用于情报分析的挖掘工具是必要的，也是紧迫的，尤其面对大数据的挑战（要智能化地辅助分析人员，以减少他们的认知压力）更是如此。

第 2 章

大数据背景下的情报模型

随着信息技术的发展、大数据时代的到来,传统的情报模型也正在发生变化。传统的情报模型需要寻找大数据解决方案,自动化、可视化、专业化是在情报分析中实现大数据的主要途径。本章首先论述工业时代情报模型;其次论述现代战争对情报的需求,特别是从现代战争对情报信息的更多依赖、需要更加实时的情报等方面,论述情报从以任务为中心转向以问题为中心的数据驱动型模型,最后从情报要实现自动化、可视化和专业化的角度论述信息时代大数据背景下的情报模型。

2.1 传统的情报模型

情报模型是指情报工作遵循的基本过程或步骤。传统的情报模型是工业时代的产物。传统的情报模型以美军联合出版物 JP2-01 中建立的情报模型为代表。美军联合出版物 JP2-01 中定义的传统的情报模型如图 2-1 所示。该模型也被称为中情局情报分析环。

传统的情报模型包括规划与指导、收集、处理与开发、分析与生产、传播与集成、评估与反馈 6 个步骤。图 2-1 所示的模型又被称为情报的 PCPAD 模型,即分别用 Planning、Collection、Processing、Analysis 和 Dissemination 的首字母来表示情报模型。有时又用其他缩写来表示情报模型,较为常见的是 PED(Processing Exploitation and Dissemination)模型,即"处理、开发和传播"模型。此外,还有 CPED、TCPED 等缩写,均是强调图 2-1 中的个别步骤,而 PED 和 PCPAD 是最常见的缩写形式。图 2-1 所示的模型是情报的一般抽象模型。理解该模型需要注意以下几点。

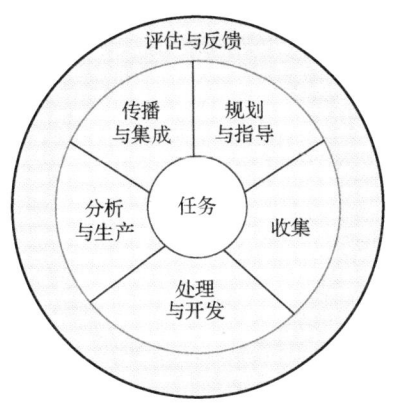

图 2-1 传统的情报模型

一是各个步骤一般不是顺序进行的。例如，电子情报可以边处理边收集，同时评估与反馈工作也是和每个步骤紧密结合的，并不是等某个步骤结束后才进行评估与反馈的。

二是并非要遍历所有步骤。例如，从无人机处收集的信息可以经过处理直接发给用户而不需要经过完整的全源分析和情报生产。

三是该模型在工业时代的情报分析过程中已被证明是有效的，但是这一模型几乎是线性的，这在很大程度上限制了其灵活性。随着信息时代的到来，这一线性模型越来越难以适应信息时代的情报需求，于是需要一种更为灵活、开放和高效的模型。

2.2 现代战争对情报的需求

工业时代的战争主要依靠武器弹药的数量，而现代战争是以信息技术为支撑的，更多地依靠实时、准确、高效的情报。传统的情报模型也从以需求为中心逐步转型为以问题为中心。

2.2.1 现代战争更多地依赖于情报信息

现代战争在一定程度上已经从过去的主要依靠武器弹药转向更多地依靠情报、监视和侦察（Intelligence Surveillance and Reconnaissance，ISR）信息。现代战争的精确打击需要精确的情报。1943 年，盟军 3 个小时的情报工作支撑了 293 架轰炸机空袭德国。2006 年，阿布穆萨布·扎卡维的一次 15 分钟的空袭，就需要 600 多个小时的情报工作。第二次世界大战以来，实施空袭所需的飞机和情报之间的平衡发生了相当大的变化。信息革命对武器和情报的需求变化如图 2-2 所示。

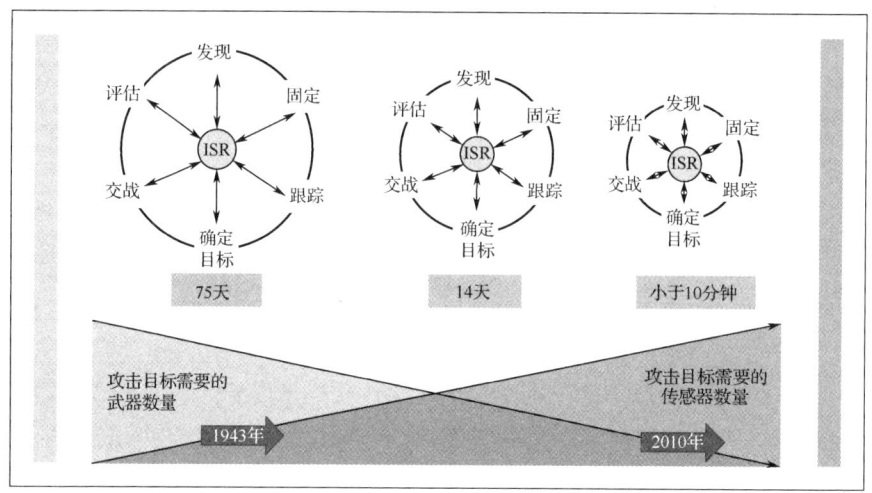

图 2-2　信息革命对武器和情报的需求变化

为了提高攻击效能，就要不断增加情报需求，这不仅导致了对情报收集平台、传感器和带宽的需求，同时进一步模糊了传统的前方和后方的作战概念。随着传感器数量的增加，以及全球网络的快速发展，信息时代的全球联通性在不断提高，收集到的信号的数量、速度和种类也在不断增加，这些都为现代战争提供了更多的情报支撑。

2.2.2　现代战争需要更加及时的情报

大数据时代要求以近实时（Neal-Real-Time，NRT）的速度完成对情报的分析。目标定位是现代作战的关键环节之一，是对目标完成精确打击的基础。对目标的定位包括专门定位和动态定位两种类型，而后者对情报数据分析处理的速度要求更高。从情报的时效性来看，过去需要在几天内完成的多源情报分析和目标定位的工作，现代战争要求在几个小时内完成。同时，ISR 信息资源也在不断增加。信息革命对情报工作的时效性要求的变化如图 2-3 所示。

例如，在美军空袭"伊斯兰国"的目标时，联军空军部队指挥官小查尔斯·Q. 布朗中将在 2016 年 5 月明确指出"我所拥有的 ISR 信息资源越多，就越能将平民伤亡数降至最低，并继续我们的精确空战"。小规模行动更需要实时完成对目标的精确定位，这样才能最大限度地减少意外伤害，并且最大限度地提高打击效果。

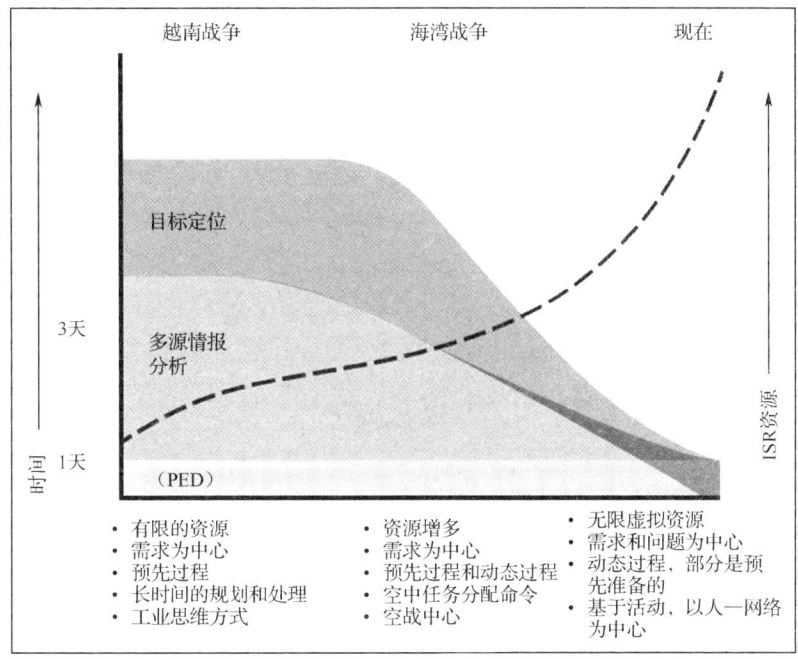

图 2-3　信息革命对情报工作的时效性要求的变化

在这种情况下，信息的时长和容量是逐渐增加的，但是有价值信息的时长是很短的，尤其是与传统的目标（如机场、指挥掩体等）相比。全动态视频的近乎实时的性质及其在作战中的关键作用表明：今天的实时目标定位更容易实现，但在实际行动中，目标定位只是打击链情报冰山的一角。现代战争需要一个全球同步的网络，分析人员可以快速融合图像、电子情报和线人提供的信息，以近实时的速度提供情报信息，从而对目标完成精确打击。

2.2.3　情报转变为以问题为中心的数据驱动型模型

传统的情报生产过程遵循的是 PCPAD 模型，但是信息革命的情报模型需要对传统的 PCPAD 模型进行改进，从而提高情报的生产速度和质量。数据科学家逐渐成为信息时代情报界的核心力量，传统的情报分析人员必须与数据科学家和数据管理人员携手合作，从而促进情报的生产。

一是传统的情报模型不断与 ISR 模型进行融合。

传统的情报模型同时不断地与 ISR 模型进行融合。虽然 ISR 模型集成了作战和情报职能，但是 ISR 模型仍可被视为整个情报模型的一个子集。情报模型与 ISR 模型的融合过程如图 2-4 所示。

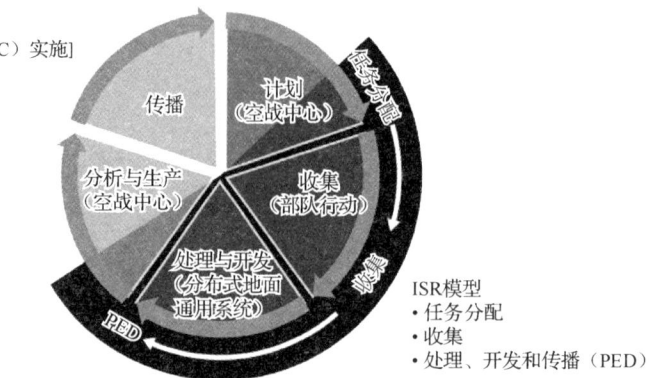

情报模型
• 计划[由空战中心（AOC）实施]
• 收集
• 处理与开发
• 分析与生产
• 传播
传播
计划
（空战中心）
任务分配
收集
（部队行动）
分析与生产
（空战中心）
处理与开发
（分布式地面
通用系统）
PED
ISR模型
• 任务分配
• 收集
• 处理、开发和传播（PED）

图 2-4　情报模型与 ISR 模型的融合过程

ISR 模型的任务分配代表了情报模型计划的最后部分，是通过空中任务分配命令（Air Tasking Order，ATO）进行的，而 ISR 信息的收集和 PED 模型也都与 PCPAD 模型的相应阶段对应。

二是传统的 ISR 模型难以适应现代战争快速灵活的要求。

传统的情报模型和 ISR 模型已经被证明是有效的，但是其时间顺序特性已经成为所谓 OODA 循环的限制因素。ISR 模型计划通过 3 天的 ATO 周期执行，并接受收集管理流程的控制。在 ATO 执行之前，指挥官对收集的目标的优先级进行整理，随之是一个分析过程；在军队内部，战役级的分析可能是数天，战略国家级的分析可能是数周；从 ISR 模型的角度看，这与作战行动灵活性的原则是不相适应的。ISR 操作员需要将 ISR 设备机动并集中到作战环境的关键点，以便在时间、空间和目的上进行整合。此外，随着 ISR 信息资源越来越多，复杂、必要的情报数据和信息储备的需求不断增加，未来用于制定优先情报需求、指挥官关键信息需求和其他情报收集请求的传统模型不太可能仍然是优先收集信息资源的有效手段。随着传感器的日益增多和越来越专业化，ISR 操作员可以确定使用哪些 ISR 信息资源来填补情报空白，同时融合其他渠道的信息以快速回答指挥官的问题。目前，绝大多数 ISR 信息资源和收集分配都是通过此流程来执行任务的，但是需要根据信息革命的需求对该流程进行优化。

三是信息时代的 ISR 模型是以问题而不是以任务为中心的。

传统的 ISR 模型的输入部分是任务集合，而信息时代的 ISR 模型的输入部分应该是情报问题。换句话说，信息时代的 ISR 模型应该是以问题为中心的，ISR 模型专家通过将这些问题转换为细化的 ISR 模型问题和情报差距，并且在联合行动计划中优先考虑 ISR 传感器以填补这些差距。美国空军 Shane P. Hamilton 上校等人提出了一种基于"情报云"和 IST 特遣队的模型。ISR 特遣队模型如图 2-5 所示。

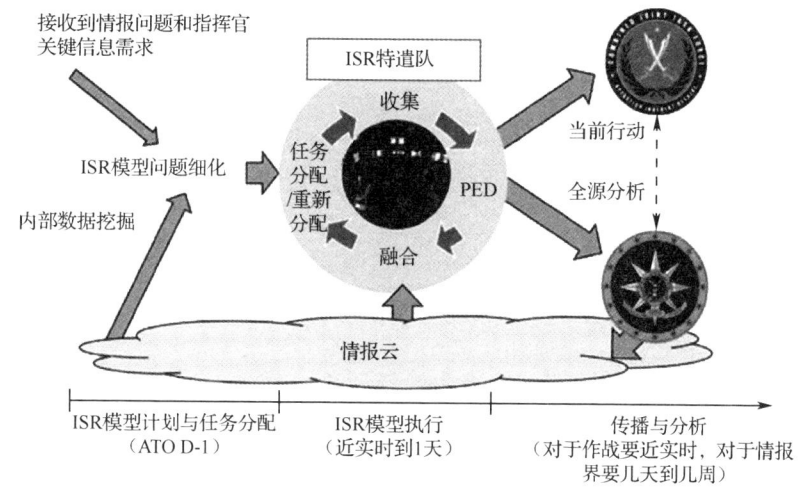

图 2-5　ISR 特遣队模型

ISR 特遣队模型是一种以问题为中心的数据驱动型模型。其中，"情报云"由开源情报和来自整个情报界的多个情报分析的数据库组成。分析人员可以在流程的最早阶段就确定客户问题的答案，同时根据对情报界实际掌握的内容再对问题进行深入探索。ISR 操作员可以匹配最佳收集平台来解决情报差距，然后在指挥官的授权下，ISR 模型任务可以被重新分配。该过程最大限度地利用了传感器的效用，然后情报产品可以近乎实时地分发给指挥官以进行规划和定位决策，并分发给更广泛的情报分析人员以进行进一步分析，最终还要将这些结果集成到"情报云"中供未来使用。

四是信息时代的其他领域专家也是情报分析的重要力量。

在情报分析和 ISR 模型任务中，应用这种大数据解决方案还需要考虑人员的选择。除对传统的情报分析人员的培训和招募外，为了让大数据更好地发挥作用，情报分析过程还必须将数据科学家、计算机程序员和具有网络知识的社会科学家吸纳进来。

2.3 大数据背景下的情报模型概述

随着大数据时代的到来，具有颠覆性意义的大数据技术极大地改变了传统的情报模型。大数据的发展对情报的收集、分析和使用等过程均产生了巨大影响。2018年，美军为情报模型定义了一个新的术语——SIAS模型，即情报的感知（Sense）、确定（Identity）、归因（Attribute）和共享（Share）模型，用于反映信息时代情报的非线性过程。SIAS模型如图2-6所示。

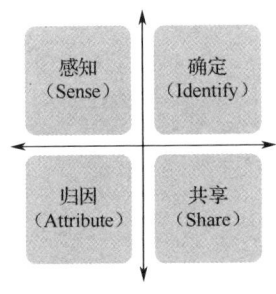

图 2-6　SIAS 模型

传统的 PED 或 PCPAD 模型更多代表的是工业时代的产物。与传统的管道式情报分析不同，SIAS 模型一是强调从全源融合数据；二是尝试对更复杂、更高级的问题做出回答；三是在更广泛的范围内对数据进行分发。大数据对传统情报模型的影响主要体现在以下几个方面。

一是对情报收集的影响。

大数据对情报收集的主要影响体现在对开源情报的影响上。开源情报一直是情报分析的重要来源，就像中情局的时任主任 Allen Dulles 所说的"超过 80%的情报分析最终都来自开源信息"，信息技术的发展还催生出了一种新的网络共享文化。20 世纪 90 年代，分析人员可能还未能完成飞机的战损评估，但是 CNN 等传统的新闻媒体已经有所报道；今天，如果一架飞机坠毁，很可能官方还未来得及确认，该消息就已经在社交媒体上广为流传。随着互联网和社交媒体的兴起，大数据的 4 个"V"对情报最显著的影响是使开源情报开始成为一门独立的学科，围绕开源情报的是相关的技术、法律和监管问题。

虽然大数据增加了情报人员收集情报的便利性，但是由于情报数据本身的特殊性，很多情报仍旧难以通过公开渠道获得。传统的谍报技术仍然需要根据大数据的发展做出适应性的调整。情报收集是在对抗性的环境中进行的，收集的情报数据可能包括虚假或错误的，需要对收集的情报数据进行甄别和筛查。

二是对情报融合的影响。

情报在一定程度上是融合的产物。传统的情报类型包括信号情报（Signal Intelligence，SIGINT）、地理空间情报（Geospatial Intelligence，GEOINT）、图像情报（Imagery Intelligence，IMINT）、开源情报（Open-Source Intelligence，OSINT）、人工情报（Human Intelligence，HUMINT）、测量和信号情报（Measurement and Signal Intelligence，MASINT）、电子情报（Electronic Intelligence，ELINT）等类型。为了增加情报的准确性，往往需要融合不同类型的情报，情报的融合过程如图 2-7 所示。

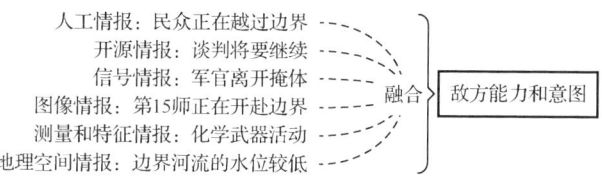

图 2-7　情报的融合过程

传统的情报分析过程是由不同专业背景的人员分别完成各自的分析（即"管道式"或"烟囱式"的情报分析），最后将结果进行融合。大数据背景下的情报融合将越来越多地在数据底层进行，并且交由计算机来自动完成。

三是对情报分析过程的影响。

当前，情报的收集能力已经远大于情报的分析能力。以美国情报界组成为例，情报分析部门主要是中央情报局情报分局、国防情报局情报分局、国务院情报研究局和各军兵种各战区各部门情报处理机构；情报收集部门种类多样、数量繁多且编制巨大，无论从数量还是规模上都远远高于情报分析部门；从 20 世纪 70 年代开始，情报收集能力就已远超情报分析能力。

虽然类似图像比对系统、声纹比对系统、信号查询比对系统等情报处理与分析系统也在逐步服役，减轻了情报分析人员的部分压力，但是越来越多的情报关联与融合需求（特别是技术情报与人工情报的关联，技术情报内图像情报、测量与特征情报和信号情报的融合，前后不同时间多种同类情报的

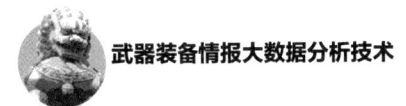

关联分析等)以及在此基础上的征候预测都需要大量情报分析人员的介入。上述情况使得情报分析部门与人员更加不堪重负,情报收集能力和分析能力差距进一步拉大。因此,后续还要对大数据和人工智能技术如何有效应用于情报分析系统、缩小收集与分析间的能力差距做深入研究。

随着传感器和网络的增加,情报工作中的大数据已经成为必须正视、不可回避的现实。同时,现代战争对情报工作的需求,迫使情报界必须寻找情报的大数据解决方案。下面从几个方面论述大数据对情报分析的转型:一是大数据和情报分析严重依赖于自动化技术;二是大数据背景下的情报分析结果需要更好的可视化技术;三是大数据分析仍旧需要专门人员和专业知识。

2.3.1 情报分析需要实现自动化

对情报需求的不断增加以及情报数据本身的数量剧增导致传统的以人工方式为主的情报分析不再有效,必须借助人工智能特别是机器学习技术实现情报工作的自动化。

一是自动化是应对情报大数据的客观需求。随着传感器数量的增加,以及全球网络的快速发展,信息时代全球联通性的提高,收集到的信号数量、速度和种类不断增加。正如美国国家地理空间情报局局长 Robert Cardillo 所说的"我们今天一天在只有一个传感器的战区内收集的数据信息量,相当于美国橄榄球联盟 3 个赛季全部比赛的高清视频信息量",如果没有大数据方案,处理这些海量的情报数据是不可能的。

二是自动化是解决情报分析问题的现实需求。对情报的需求为情报分析人员带来了沉重的负担。就如 Robert Cardillo 所说 "如果我们试图手动使用我们未来 20 年内拥有的商业卫星图像,我们将需要 800 万名图像分析师"。以地理空间情报为例,对全动态视频(Full-Motion Video,FMV)的处理给情报分析人员带来了沉重的负担,甚至造成图像分析人员的流失。2015 年,美国空军甚至启动了一项旨在提高情报分析人员生活质量的活动,并且尝试通过减少无人机的巡逻次数来减少情报分析人员的工作时间和压力,但是这种活动不可避免地降低了情报的生产能力,而部队对情报的需求又迫使军方通过承包商来补充现役的无人机,以满足部队的紧迫需求。除了全动态视频,对多光谱图像、高光谱图像和地面移动目标指示的分析需求也在激增;除了地理空间情报,其他类型的情报如信号情报、电子情报等的情报分析人员的

需求也在激增，但人员数量的增加速度无法跟上情报数据的增加速度，因此，需要寻找大数据情报的自动化方案。

三是自动化是解决大数据情报问题的必由之路。目前的情报界普遍存在重视情报收集而忽视情报分析、情报收集人员多于分析人员等情况。实际上，大数据时代的情报收集难度在一定意义上是在下降的，而情报分析难度却在不断上升。如果没有大数据的情报分析方案，就会造成情报数据的"堵塞"和"淤积"；如果没有及时对收集的情报数据进行分析，就不会挖掘出情报价值，这样收集更多的情报也是无意义的。

2.3.2 大数据情报需要可视化方案

人工智能和机器学习算法是实现大数据情报自动化的主要工具，但是现有的一些机器学习算法往往过于复杂、难以理解，可视化技术通过将复杂的信息或规律以图形符号的形式表达出来，从而使分析过程更加直观易懂。所谓"一图胜千言"，可视化不仅是大数据情报结果的重要呈现方式，也是一种重要的情报分析方式。图 2-8 所示的就是几种数据可视化示例。

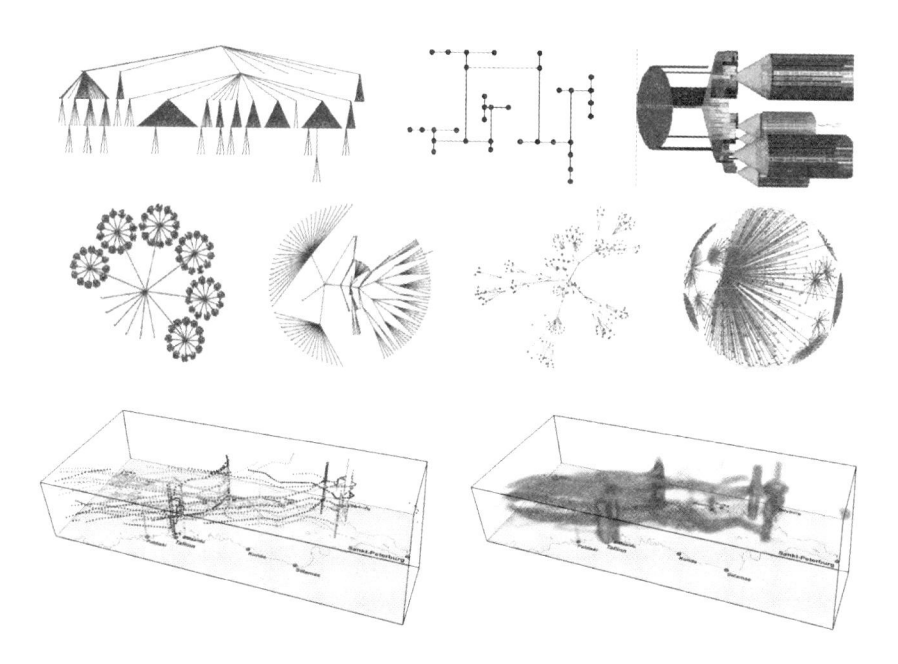

图 2-8 数据可视化示例

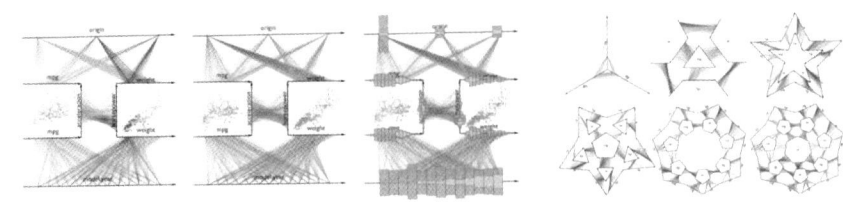

图 2-8　数据可视化示例（续）

近年来，研究人员围绕文本信息可视化、网络图可视化、时空数据可视化、多维数据可视化等对可视化技术进行了研究，为情报数据的理解和决策提供了重要帮助，但是目前的大数据可视化技术正处于发展的初期，还有很多需要深入解决的问题。例如，需要对多源异构、非完整、非一致、非准确的数据进行集成；可视化表达需要匹配人的认知规律和心理映像；主流的显示设备像素可能无法匹配爆炸式增长的大数据等。

2.3.3　大数据情报需要更广泛的专业化

目前，大数据在解决情报"是什么""是谁""在哪里""什么时候"等问题有着比较好的见解，但是难以解决"为什么"和"怎么样"等深层次的复杂问题，情报大数据分析仍旧依赖专业知识和专业人员。情报大数据分析的专业人员和专业知识的作用主要体现在以下几个方面。

一是"数据不会自己说话"——情报分析需要专业领导。随着现代战争对情报需求的增加，情报工作需要强化组织领导和专业分工，从而更好地为作战和其他决策服务。情报分析的专业领导要确定需要哪些数据，需要优先保障哪些任务，并且需要判断和掌握不断变化的用户需求。

二是"数据说的话也未必能懂"——专业人员的专业知识对理解数据的因果性非常必要。大数据情报除了需要传统的情报分析人员，还需要计算机编程人员、数据挖掘和机器学习等专业人员，后者是提供大数据方案的重要力量，但是依靠大数据方案从大数据中得出的情报结果更多揭示的是数据之间的相关性而不是因果性。换句话说，大数据可以"解密"，但是很难"解惑"。情报是为决策和行动服务的。如果没有揭示数据之间的因果性，情报价值就会打折扣。

三是"数据说的话也未必准确"——专业人员的专业知识对甄别和筛查情报数据非常必要。情报分析过程存在强烈的对抗性，且情报数据可能含有迷惑性甚至是欺骗性的数据。在后面的章节中，将列举一个人为制造情

报欺骗的案例。大数据情报需要利用专业人员和专业知识对情报数据进行甄别和筛查。

四是"数据说的话也未必深刻"——专业知识对理解复杂问题特别是判断战略意图至关重要。大数据只能对已有的数据进行分析，但是对诸如敌方意图等复杂问题并没有更好的理解。下面以 2014 年在乌克兰和伊拉克爆发的武装冲突为例进行分析。在这两场冲突中，非常规武装力量——乌克兰东部武装和伊拉克境内的"伊斯兰国"极端分子迅速向对手发动进攻，不仅部署了有效的军事力量，还在社交媒体上对行动进展进行了纪实性报道。对这些来源的信息内容和元数据进行分析，并结合传统的情报监视侦察数据，可以掌握这些武装组织在特定时期的战术、网络支持情况和地理位置等重要信息。这些数据密集型的数据流可以使西方情报机构对这些组织的构成、拥有的物资和部署情况有全局性的了解，从而为战术情报支援提供有用的背景和思路。不过，单凭这些信息很难让决策者理解激进分子的意图（包括作战计划和政治诉求），甚至诸如凝聚力等方面的问题。专业知识在推断敌方指挥官作战意图方面有着至关重要的作用，对诸如政治动荡等复杂现象的评估更是如此。

第3章

情报大数据分析中的人工智能技术

前面提到，大数据是情报分析面临的客观事实，而情报大数据分析需要大数据方案。大数据在很多基础处理如数据清洗、聚类和关联等方面需要人工智能技术的支撑，特别是以深度学习为代表的机器学习技术的支持。大数据情报严重依赖自动化技术，而人工智能是实现大数据分析自动化的关键技术。可以说，大数据与人工智能密不可分。本章首先论述人工智能的基本概念以及当前的发展，其次论述在大数据中人工智能特别是机器学习方法潜在的应用领域，以及情报大数据分析中的人工智能技术，然后对情报大数据分析中的人工智能方法进行简要介绍，最后讨论可能对情报大数据分析产生影响的人工智能方法的脆弱性。

3.1 人工智能和机器学习概述

"人工智能"和"机器学习"是两个并不完全相同的概念，但是目前的研究中经常将两者进行合并。人工智能和机器学习在几十年的发展中并不是十分顺利的，随着以深度学习为代表的机器学习在一些领域的应用成功，人工智能和机器学习吸引了越来越多人的关注。

3.1.1 基本概念

"人工智能"（Artificial Intelligence）的概念在过去几十年中经历了不同的认识。早期的人工智能研究人员将人工智能的目标设定为复制人的认知，其中占据主流的一个观点是如果机器是智能的，那么它将呈现智能行为。但是，一旦计算机开始在这些任务中获得成功，人们又意识到完成这些任务并不需要认知。目前，普遍接受的人工智能一个广泛的定义是使用计算机来完

成之前由人力智能完成的任务。

"机器学习"（Machine Learning）的定义也几经更改，一般认为机器学习是一门人工智能的科学，主要研究如何在经验学习中改善具体算法的性能。目前，在很多论述中，将"人工智能"和"机器学习"的概念进行了合并。实际上，机器学习与人工智能有所区别。例如，逐步回归和聚类算法是机器学习的典型算法，但并不是真正意义上的人工智能方法。一般将机器学习分为三种类型：监督学习、无监督学习和强化学习（见图3-1）。

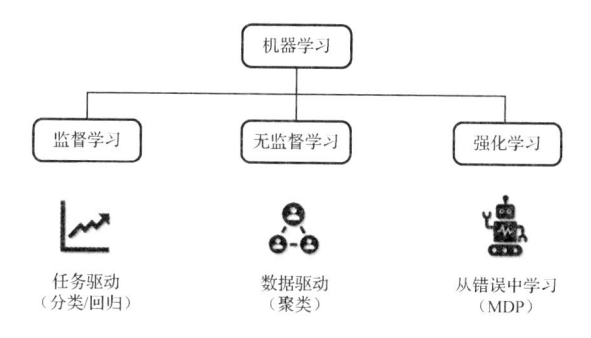

```
                    机器学习
        ┌──────────────┼──────────────┐
     监督学习        无监督学习        强化学习
        │              │              │
     任务驱动         数据驱动        从错误中学习
    （分类/回归）     （聚类）          （MDP）
```

图 3-1 机器学习的类型

"深度学习"（Deep Learning）是机器学习的一种。实际上，深度学习的概念早在20世纪80年代就已经形成，但当时深度学习需要的计算量太大了。进入21世纪，深度学习的发展很快让一些传统的方法黯然失色。2010年以后，深度学习已经具备取代很多传统的机器视觉和自动语音识别方面的潜力。Google开发的Alpha Go的成功让研究人员重新开始审视人工智能和机器学习的价值。

本书没有严格区分人工智能和机器学习的概念。在情报处理领域，以深度学习为代表的机器学习算法有着巨大的应用潜力。本章主要论述情报大数据分析中的机器学习算法。

3.1.2 研究现状

机器学习已经在机器视觉、自动翻译和语音识别等领域取得了显著成果，但是机器学习仍旧存在一些困难，主要表现在以下几个方面。

首先，机器学习需要大量的训练数据，而这些数据通常必须由人工进行标记，或者由其他代价很高的方法来获得。通常，对真实数据进行处理从而创建可用的训练集是构建实用的机器学习应用程序的重要步骤，一些机器学

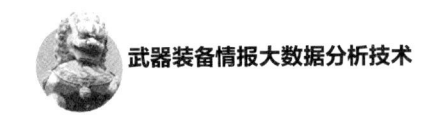

习的成功项目如 Project Maven，使用现成的人工智能和机器学习算法，需要数百万个人工标记图像的训练集。

其次，机器学习存在"过拟合"问题，这意味着某算法在训练数据上表现出了非常好的性能，但是对于超出训练数据的真实世界数据的泛化能力非常有限。

最后，当前使用的大多数机器学习算法需要对很多不同的参数进行精确调整，而找到使算法能有效工作的正确的参数组合是非常困难的。

3.1.3 未来发展

摩尔定律在过去 50 年正确预测了集成电路密度的增长。与集成电路遵循的摩尔定律不同，人工智能和机器学习的预测是非常困难的，目前还没有建立一个精确的模型来预测人工智能和机器学习的未来发展。许多早期的人工智能研究者认为，达到"人类水平"的人工智能可能会在 21 世纪开始之前就创造出来，但是事实的发展与最初的预期截然不同。20 世纪 90 年代和 21 世纪初，多数研究者认为深度学习和强化学习是失败的，甚至在 10 年前，多数领先的研究者还未认识到深度学习在推动人工智能和机器学习上的巨大潜能。

不同专家对人工智能和机器学习未来的预期差异很大。在 2016 年的一份关于人工智能和机器学习何时能在某些特定任务上成功完成的调查报告中显示，对复杂任务（如写小说），专家的预期有 50 年的差异；对一些看似简单的任务（如叠衣服），专家的估计也会有 10 年的差异。因此，想要获得对人工智能和机器学习的准确预期是非常困难的。通过单纯的统计模式，很难预测人工智能和机器学习何时能够成功执行复杂的分析任务，特别是还需要一定程度的理解和常识的分析任务。

当前的技术要么依赖于统计推断，要么使用提供的模型进行推理，但是不能实现很多任务需要的"理解"。例如，需要拥有一个足够智能的场景分析系统，从而预测为什么普通的观察结果的融合会如此重要，并向人类分析师发出警告。然后，除非在训练数据集中包括了该种情况，否则当前的技术对这样的功能的泛化能力很差。研究人员有时将需要达到这种类似人或者更通用的智能水平的问题称为"完整的人工智能"。

与人工智能和机器学习本身研究的发展难以确定相比，现有技术的商业化应用却是显而易见的。一些大型的科技公司正在积极寻求处理更大数据集

的方法，包括开发更大的训练集，标记图像和多语言文本，以及开发用以训练和执行机器学习模型的定制硬件。软件工程的进步也可以改进人工智能和机器学习的计算过程。随着这些技术进步的商业化，可以确定的是即使没有机器学习算法或框架的额外突破，当前的机器学习技术也能够解决更多、更广泛的现实问题。下面简要介绍一些常用的人工智能和机器学习算法。

3.2 人工智能技术的应用

人工智能和机器学习处于不断发展之中。该领域包括很多复杂的技术和潜在的应用。除可能有助于情报分析实现自动化外，人工智能和机器学习还可能在情报分析的其他过程中得到应用。下面主要论述人工智能和机器学习算法在实现情报分析自动化方面的内容。需要注意的是，实现情报分析的自动化有很多方法，比人工智能和机器学习简单的技术也可以帮助情报分析实现自动化。

3.2.1 实现自动化的层次

在情报分析中，实现自动化的层次大致可以分为三层，分别是辅助、半自动化和完全自动化。情报分析中自动化的层次如图 3-2 所示。

自动化		
辅助	半自动化	完全自动化
辅助准备和协调分析任务的工具（不执行分析） • 知识管理标准和结构 • 建模和仿真 • 协同和通信合作 • 诊断工具 ……	帮助人们完成分析任务的工具 • 组织和搜索 • 操作和转换 • 可视化和报告 • 结构化分析 ……	完全可以自己完成分析任务的工具 • 基于任务的：为所有传感器数据自动选择任务 • 基于周期的：为所有选择的传感器数据自动完成全部任务 ……

图 3-2 情报分析中自动化的层次

第一层次：辅助。图 3-2 中左侧表示的是辅助（实际上不执行分析）。这个层次的工具包括知识管理标准和结构、协同和通信合作及诊断工具等。对于更加高级的分析，如电子情报、建模和仿真等也可以包含在这个层次的工具中。目前，已经有很多辅助分析工具，可应用于网络、硬件和任务管理等方面。

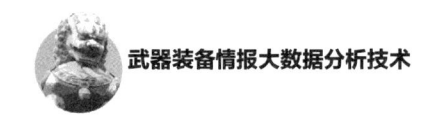

第二层次：半自动化。这个层次可以帮助分析人员做更多工作，但仍旧需要分析人员参与（至少有一个步骤需要人的参与）。这些例子包括组织和搜索、操作和转换、可视化和报告，或者完成数据的结构化分析等。

第三层次：完全自动化。这个层次是自动化的最高层次，全部过程完全不需要人的行动，或者仅仅需要人员有选择的介入，整个过程即可自动进行。这个层次包括完成全部分析的工具。一般而言，某些工具（如图像或物体识别）可以对特定格式的所有来源数据进行处理，而不管其来源如何；而某些工具如传感器作为情报模型的一部分，可以自动化编程，从而实现它们自己的动态任务分配。随着这些工具的不断成熟，这些工具可以帮助情报分析人员从繁重的分析任务中解脱出来，从而可以将精力集中在需要人输入和操作的任务上面。

3.2.2 人工智能的潜在应用

根据目前人工智能和机器学习算法的成熟度，一些方法可以应用于情报分析，如机器视觉、语音识别、语言翻译、波形分析等。需要说明的是，下面论述的这些方法仅仅是人工智能和机器学习的一部分。随着情报分析需求的发展，以及人工智能和机器学习技术的日臻完善，还有其他很多方法可以逐步应用到情报分析中。

1. 机器视觉

机器视觉需要处理、分析和翻译可视化数据，包括动态和静态的图像等。目前，机器视觉系统已经可以可靠地识别视频中的物体。机器视觉的一些方法，不仅可以识别出图像包括的物体，还可以说明图像中物体出现的位置。

如果提供了合适的训练数据，就可以使用红外、光电或合成孔径雷达（Synthetic Aperture Radar，SAR）等传感器的数据，但是识别的结果可能与图像的质量有关。如果掌握了一些关键任务，如物品识别和高空图像以及全动态视频图像的场景字幕，机器视觉就可能彻底改变地理空间情报。机器视觉可以使情报分析人员的需求大大减少，并且相比某个情报分析人员，机器视觉可以在更大体量数据上应用更加一致的方法完成情报分析。

机器视觉在情报分析领域有很大的应用潜力。机器视觉对于完成一些基本的任务，如物体识别，相对而言发展得比较成熟，但是对于完成一些更为复杂的任务，如场景描述（即用文本描述图像或在视频中捕获的内容），仍

旧处于试验阶段，远远不能在情报分析中真正应用。商业上使用的机器视觉系统通常基于民用检索数据集，这些数据集大多具有很高的分辨率、较短的距离，且具有不同的视角，而情报分析领域的数据大多并不具备这些特征。因此，商业上使用的机器视觉系统并不能直接用于情报分析领域。

面部识别是机器视觉的一个重要分支。面部识别主要是为了可靠识别特定的面部，其主要目的是为了识别。首先，面部与图像的其他部分是很好区分的，可以与已知的面部比较相似性。面部识别主要是为了从一维或者二维的图像中构建一个多维的面部模型，然后机器就可以在从不同角度拍摄的二维图像中识别出特定的个体了。高质量的商业系统主要使用三维模型，而很少使用二维图像，这是因为二维图像产生的错误率较高。

面部识别目前已经在智能手机上得到了应用，如可以使用用户的人脸对手机进行解锁。在有的国家，面部识别已经用于公众监督等场合。从静止图像和视频中识别特定个体的技术可以用于军事领域，如可以增加物体识别以防止对己方开火。但是，在军事领域应用面部识别可能比商业领域有更多的挑战性。面部识别只能对已知的面部进行识别，如果只有少量的老照片，就很难获得一个有用的识别。另外，在远处获得的照片、角度不合适等都可能使照片包含大量的噪声。例如，使用标准头部特写训练的算法就可能难以对远景照片和角度不合适照片有效。

情报分析可以使用机器视觉来帮助分析人员检测可能的威胁、识别特定的已知目标，以及自动为静态或视频图像添加标签等。构建这样的系统需要大量的训练数据。如果能够容忍的错误率越低，就越需要更多的数据。

2. 语音识别

语音识别主要是将原始的语音转换为文本。由于声音不能预先分割为不同的音效、单词和句子，而且不同人的声音也是不同的，将其转换为文字需要几个模型。首先，需要一个声学模型将原始的声音转换为音素；然后发音模型根据说话者的特征（如口音和性别）考虑这些音素的变化；最后，语言模型将发音模型输出转换为单词。最新研究表明，声学模型和发音模型可以端到端地结合和训练。然而，将语言模型集成到这种训练中要困难得多。虽然音素可以相当独立地建模（口语与随机的声音序列惊人地相似），但单词和句子串在一起时必须考虑复杂的排序规则。因此，这些技术通常采用非常大的模型，这些模型在图形处理单元上运行并需要大量内存。这是商业语音

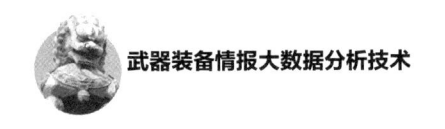

识别系统（如亚马逊的 Alexa）经常在服务器上而不是在客户端设备上运行的一个主要原因。

尽管发展的质量不尽相同，但是语音识别技术目前已经在商业领域得到广泛应用（特别是智能手机，如苹果的 Siri 及国内华为、小米和百度等公司使用的语音助手）。语音识别的高级形式是可以识别多种语言。语音识别技术可以提高语言学家的效率，提高对不熟悉语言进行分析的能力。

但是，语音识别不能比底层的声学模型、发音模型和语言模型更好，并且开发这些模型的相关信息可能无法用于某些感兴趣的语言。语音识别也受到"鸡尾酒会问题"（Cocktail Party Problem）的影响：机器可能难以区分感兴趣的对话与其他并发语音。最近，使用视觉线索来消除说话者歧义的研究表明，这一问题可能很快会得到部分解决。

人工智能和机器学习方法在语音识别领域有广阔的应用前景，但是也存在较大的挑战性。正如机器视觉一样，在情报分析中应用人工智能和机器学习的语音识别还需要很多工作，情报界也正在着手这方面的工作。

3. 语言翻译

语言翻译系统可以将文本（通常不是语音）从一种语言转换为另一种语言。尽管早期的性能很差，但机器语言翻译系统是最早的人工智能应用之一。今天，自动化的语言翻译是很多公司（如百度和谷歌）提供的核心服务之一。

在某种程度上，语言翻译比语音识别要简单，这不仅因为很多语言已经有很多高质量的双语训练数据，也因为数据已经清楚地被分为字符、单词和句子。可以对语言翻译系统进行训练，将这些字符、单词、句子转换为目标语言。目前，几乎所有的语言翻译系统都使用监督学习，但是研究人员也正在研究无监督的学习系统。无监督的学习系统对一些更模糊的语言会更有用。

对文本信息进行翻译的能力可以减少情报分析人员中语言学家的负担，并且加快情报数据的分析速度。尽管当前的语言翻译系统已经有很好的性能，但是这些语言翻译系统实际上并没有理解文本的真正含义，而是在很大程度上依赖两种语言中单词和短语出现之间的统计相关性。许多语言翻译系统对语法的理解也很有限或根本不存在，且底层模型对语法的理解不完整或根本没有处理。因此，即使是高质量的语言翻译系统也可能生成在语法、句法、语义和语用学方面都具有误导性或完全错误的输出信息。与语音识别一

样，在语言翻译领域中，情报界也正在加紧研究该项技术在情报分析领域的应用。

4．波形分析

波形分析是电子情报的核心技术。电子情报的一个典型应用是通过电磁波的所谓"指纹"对特定辐射源进行识别的。电子情报的典型应用场景如图 3-3 所示。

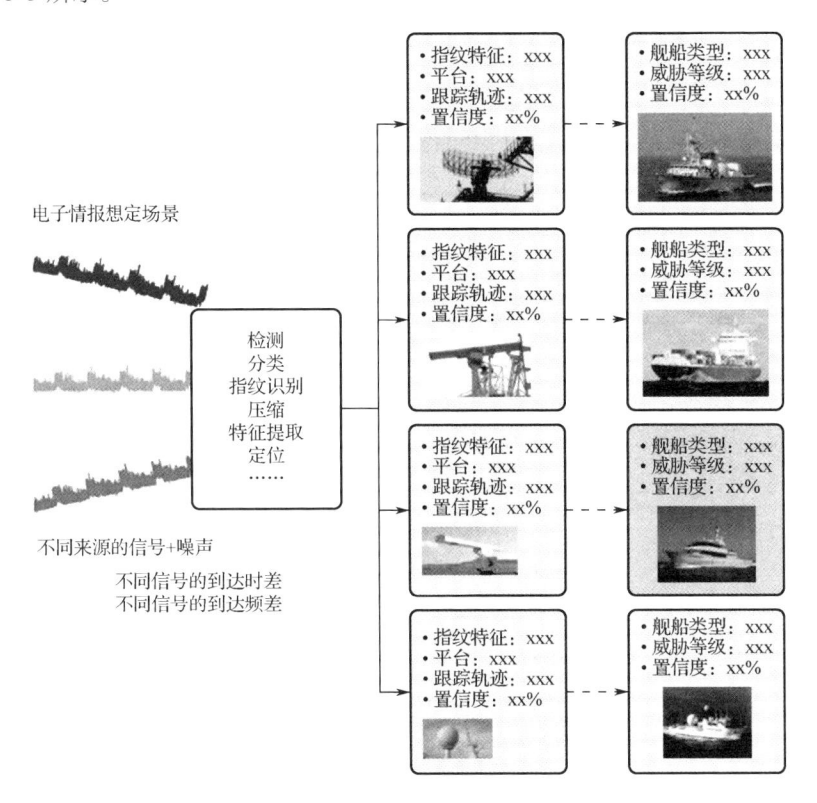

图 3-3　电子情报的典型应用场景

在波形分析上应用人工智能和语音识别有很多相似之处。实际上，很多语音识别系统前端的"声学模型"本质上就是一个音频波形比较系统。语音识别中的很多技术，如将录制的音频分为音素或单词的方法也可能用于波形分析。除分析信号的时域特征外，机器学习和神经网络还可以用于频谱分析，从而在包含噪声的数据中检测感兴趣的信号。利用这些技术还可以进行测向等操作。

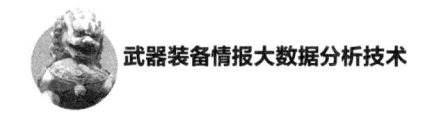

从包含噪声的数据中检测真实信号已经有大量的研究。早在 20 世纪 80 年代，基于神经网络的技术已经成功用于分析定位潜艇的水听器数据。但是对机器学习技术而言，某些感兴趣的信号可能无法提前获得充足的训练数据。当前有一些基于软件可编程的系统，这些系统可以模拟任何波形，甚至是类似噪声的波形，从而使得对波形信号的检测和识别变得更加容易。

对于大多数基本波形，在收集到的数据中检测信号的过程今天已经在很大程度上实现了自动化。对于许多复杂波形，检测算法的开发也很简单，不需要人工智能或机器学习。然而，对于最复杂的波形，如类噪声波形，可能就需要人工智能和机器学习了。

5. 文本摘要和叙事合成

文本摘要和叙事合成系统可以将文本简化为自然语言摘要或编写故事。文本摘要和叙事合成系统最早是在 20 世纪 70 年代使用符号人工智能技术开创的。一段时间以来，文本摘要和叙事合成系统在体育和商业报告等方面的商业用途有限。

成熟的文本摘要和叙事合成系统可以促进开源情报和信号情报的开发和传播，从而减少情报分析人员的工作量。文本摘要系统可以使分析人员阅读简明摘要而不是扫描整个文档，从而节省人力。复杂的叙事合成系统有可能以更少的人力，使开发和生成研究成果的过程实现更高形式的自动化。

然而，当前的文本摘要和叙事合成系统有很大的局限性。历史符号叙事合成程序"理解"了叙事元素并按预期进行推理，但需要手工设计的知识库。由于知识有限，这些系统很脆弱，只能在非常狭窄的领域（如体育比赛）中工作。最近的人工智能和机器学习可以在更广泛的文本上给出合理的结果，但不能"理解"正在总结或合成的文本，由此可能生成一些不正确甚至是荒谬的结论。最近研究的预先训练的语言模型类似于图像处理预先训练模型，有可能部分解决但是不能消除这些问题。

3.2.3 人工智能的支撑技术

将人工智能和深度学习应用于情报分析领域需要的不仅仅是算法，还必须管理数据以提供足以运行它们的硬件。本节简要概述支持人工智能和深度学习的一些必要技术推动因素，主要包括数据管理和存储、定制硬件、机器学习算法工具等。

1. 数据管理和存储

由于人工智能和深度学习算法是数据密集型的，因此它们的实际使用取决于对训练数据的有效管理。数据库技术是一种重要的技术，它可以以方便的形式存储情报数据，以便情报分析人员进行查询和使用，同时数据库也可以作为机器学习算法的训练样本。

过去的几十年，大规模数据库已经被广泛使用。最常见的数据库是建立在结构化查询语言（Structured Query Language，SQL）上的关系型数据库（如 MySQL 和 Microsoft Access）。其他数据库如图形数据库和文档数据库等，也已经在很多领域中得到应用。情报分析同样需要对收集到的大量数据进行存储和管理。例如，对来自 ISR 传感器的数据进行存储，以便训练对应的机器学习算法。但是目前的情报分析的数据来源一方面数据量很大，另一方面半结构化数据、非结构化数据非常多，对情报数据的存储管理是一个重要的问题。

数据库的选择需要考虑成本、性能和安全性等方面的问题。数据存储的介质也从过去的磁盘逐渐升级为固态硬盘，且价格也越来越便宜。云存储和计算在商业领域很普遍，但由于军事情报的特殊性，如果仅在国防和军队内部建立功能强大的云系统，其成本可能会比较昂贵，所以可以根据军队的需求量身定制一些方案。但是无论哪种方案，如何安全地使用云存储和计算都是一个重要的问题。

2. 定制硬件

情报分析是建立在特定的网络和数据存储基础上的，如果在情报分析领域使用机器学习等技术，就需要考虑使用何种类型的芯片。目前已经有一些供应商推出了专门面向机器学习的计算机芯片技术。下面以神经形态计算和张量处理单元为例，论述定制硬件的发展。

神经形态计算（Neuromorphic Computing）旨在创建一个像人类大脑一样工作的计算机硬件，或者在很多情况下，这些芯片可以有效地训练或评估深度神经网络（见图 3-4）。大多数设备的目标是能够以比等效的中央处理单元（CPU）和图形处理单元（GPU）更节能的方式运行。这些设备可以用于训练神经网络，或者可以集成到传感器平台以节省带宽。由于这些技术目前还在快速发展中，难以对这些技术的成熟度进行任何一般性的评价。

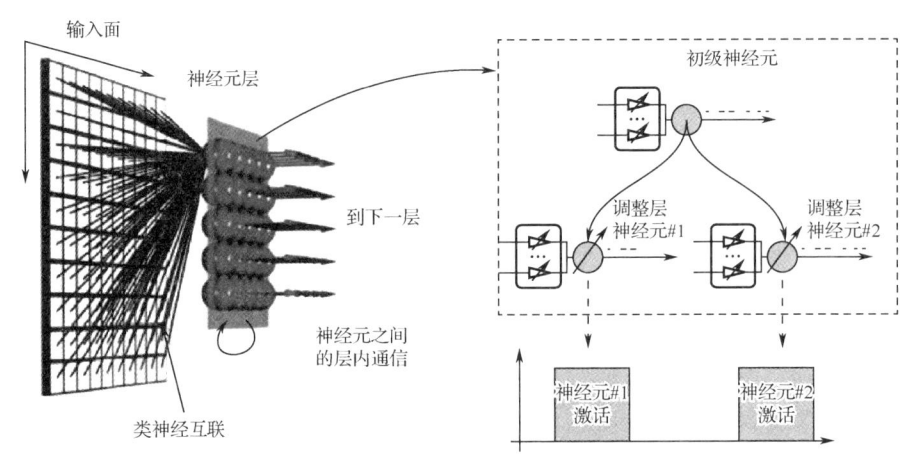

图 3-4　神经形态计算示意图

张量处理器（Tensor Processing Unit，TPU）是 Google 为矩阵运算设计的定制计算机硬件（见图 3-5），它构成了现代神经网络的基础。

图 3-5　Google 开发的 TPU

这些专有设备相当耗电，目前不出售给终端用户，而是通过云的方式向外租用。TPU 已经在 Google 的数据中心得到使用。TPU 等设备使现代神经网络的训练和评估比其他类型的硬件（包括高端 GPU）快得多。TPU 可能会在更多领域得到广泛应用。

3. 机器学习算法工具

目前，大数据的并行处理主流的计算框架是 MapReduce 框架。借助该框架，编程人员可以在不会分布式并行编程的情况下，将程序运行在分布式系统上。对情报分析人员而言，借助 MapReduce 框架可以不去关注底层的分布式并行计算的实现细节，而将精力更多集中在主要问题上。

MapReduce 框架包括"映射"（Map）和"规约"（Reduce）两个过程，实际上，MapReduce 框架不仅是一个基于集群的高性能并行计算平台，还是一个并行计算与运行软件框架。它允许使用市场上的普通商用服务器构成一个分布式并行计算群，能自动完成计算任务的并行化处理，自动划分计算数据和计算任务。基于 MapReduce 框架的单词计数过程如图 3-6 所示。

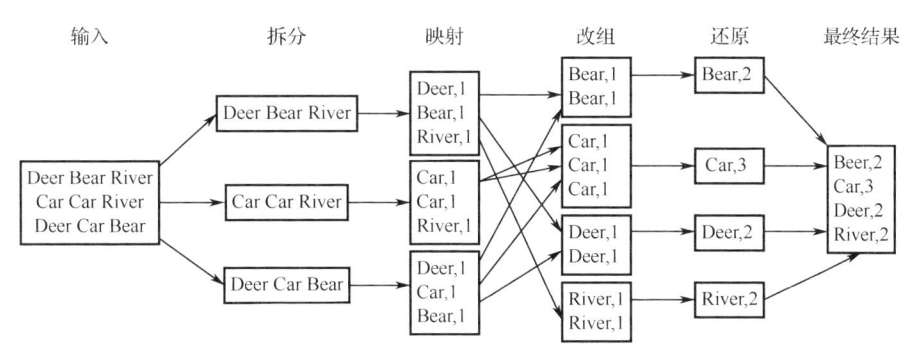

图 3-6 基于 MapReduce 框架的单词计数过程

此外，MapReduce 框架还是一种并行程序设计模型与方法，它借助 Lisp 的设计思想，提供了一种简便的并行程序设计方法。MapReduce 框架最早由 Google 提出，随后，Apache 基金会在 MapReduce 框架的基础上设计了 Hadoop 框架。Hadoop 框架的核心设计包括两部分：一个是 HDFS（Hadoop Distributed File System）框架；另一个是 MapReduce 框架。HDFS 框架为海量数据提供了存储，而 MapReduce 为海量数据提供了计算。目前，还有一些针对特定问题，特别是机器学习问题开发的计算框架/软件工具包，如 Spark 和 Mahout 等框架。这些框架为大数据的计算提供了便捷工具，可以大大减轻编程人员的工作负担。

目前，基于人工智能技术的大数据分析主要采用"传统的人工智能和机器学习算法+MapReduce"模式进行。国内外一些科技巨头公司也提供了深度学习工具，如 Google 的 TensorFlow，Facebook 的 Torch，以及百度的"飞桨"

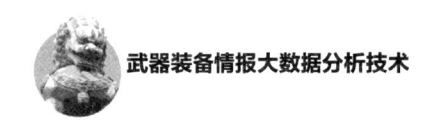

（PaddlePaddle）和华为的 MindSpore 等。

3.3 人工智能方法

人工智能技术是情报大数据分析的重要方法之一。机器学习、计算智能都属于人工智能技术中非常重要的分析方法，其中深度学习具有卓越的性能，是目前最重要的机器学习方法。理论上，机器学习的很多方法都可以在情报大数据分析中得到应用，如回归方法、决策树、支持向量机（Support Vector Machine，SVM）和神经网络等，特别是以神经网络为基础的深度学习方法，在情报大数据分析中具有十分重要的地位。

3.3.1 神经网络

神经网络（Neural Networks）是机器学习的一种。神经网络的灵感来自生物大脑中的连接方式。这些网络将输入信息映射到输出端，并经过各种训练过程来构建输入端和输出端之间的映射。神经网络的输入信息和输出信息通常采用不同的形式，例如，经过训练以识别香蕉的神经网络可能会接收图像作为其输入信息，并可能返回一个数字作为其输出信息，该数字可以表示其确定该图像是香蕉的置信度。在训练阶段，神经网络刚开始会输出随机数，但是经过训练会逐渐区分包含香蕉的图像，并且不断地降低错误率。如果训练得好并且提供了足够多的数据，神经网络就会很有效。神经网络甚至可以具有预测性。例如，当前的面部识别系统中使用的神经网络可以从之前没有观察到的角度来估计一个已知面部的样子。

神经网络是分层的，其结构如图 3-7 所示。在大多数神经网络结构中，每一层都接收来自上一层的输入信息，然后对其进行转换，再将本层的输出信息传递到下一层。满足这种结构的网络又被称为前馈网络。每个节点的输出信息通常是归一化到某个标准范围（如在区间 0 到 1 内）的输入加权平均值。

大多数神经网络至少有一个输入层和一个输出层。神经网络的深度是指这两层之间"隐藏"的层数。一般来说，具有一个或多个隐藏层的神经网络可以进行深度学习。不同类型的神经网络的区别主要在于这些层的连接方式。神经网络可能包含许多层，而每一层都会有大量节点。

尽管目前以深度学习为代表的神经网络取得了很大进展，但是神经网络在实践中往往难以实现。将神经网络应用于现实世界的问题通常需要开发人

员进行大量的反复试验。神经网络在计算资源和训练数据方面也是资源密集型的,并且对资源的需求会随着神经网络的深度而迅速增加。

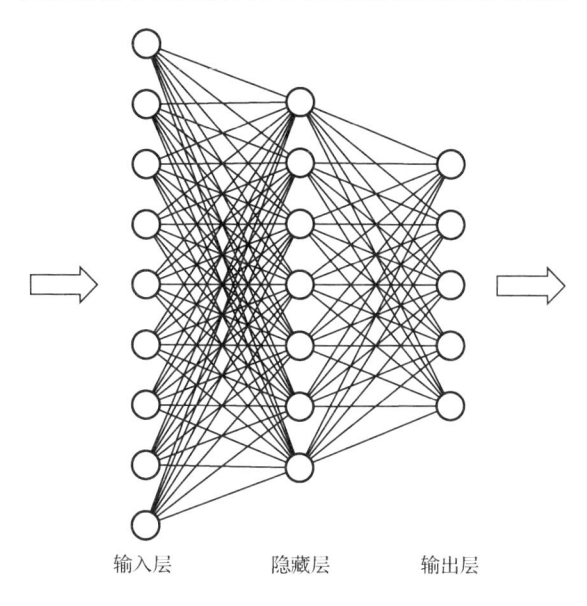

输入层　　隐藏层　　输出层

图 3-7　神经网络的结构

此外,神经网络往往难以对其结果进行解释,所以表现出一些"黑匣子"的特征。例如,如果算法将某物错误分类为香蕉,通常很难找出原因。因此,如果可行,最好使用比神经网络更加简单的方法。例如,传统的机器学习(如随机森林)易于理解,并且在许多情况下都能提供较正确的结果。但对于许多应用程序如机器视觉,深度学习是目前最好的,甚至是唯一可行的技术。

神经网络有很多种类型,其中一些已经在商业上广泛使用。在实际应用中,人们也往往将几种类型的神经网络组合使用,而不是简单地只使用其中的一种。下面简要介绍其他类型的神经网络。

3.3.2　全连接神经网络

全连接神经网络(Fully Connected Neural Networks)是指神经网络的每个节点都连接到上一层中的每个节点以及下一层中的每个节点。

感知器是最初的作为定制硬件实现的双层神经网络,但是感知器无法学习很多简单的函数。经典的全连接前馈神经网络是在 20 世纪 80 年代开发的,最初作为对传统感知器的增强。随后,研究人员开始添加隐藏层,一些计算

技术如反向传播和随机梯度下降法，开始在训练神经网络中取得突破。随机梯度下降法使用"热或冷"的响应来衡量输出信息与训练集中给定示例的正确答案的接近程度；反向传播是一种直接的技术，它通过网络层向后工作以调整它们的权重参数，因此下一个更新将更接近标记。

这些更深层次的神经网络理论上可以在给定足够的训练样本的情况下学习逼近任何连续函数。这些技术是当今大多数神经网络的基础。包括深度学习技术在内，全连接神经网络目前仍是许多技术的核心。全连接神经网络在 Google 的 TensorFlow 等应用中已经得到广泛使用。

全连接神经网络的计算需求随着每一层的增加而大幅增长，一些任务甚至呈指数级增长，这对图像的处理更具有挑战性。此外，由于全连接神经网络输入和输出信息的大小是固定的，因此，这类网络也难以适应非常长的文本、音频或视频格式信息。为了解决这些限制，研究人员又陆续提出了卷积神经网络和递归神经网络等新的神经网络。

3.3.3 卷积神经网络

卷积神经网络（Convolutional Neural Networks，CNN）是在经典前馈神经网络的基础上，利用数据中局部结构形成的（见图 3-8）。卷积神经网络不是全连接神经网络，每个节点仅接收来自前一层子集的输入信息。

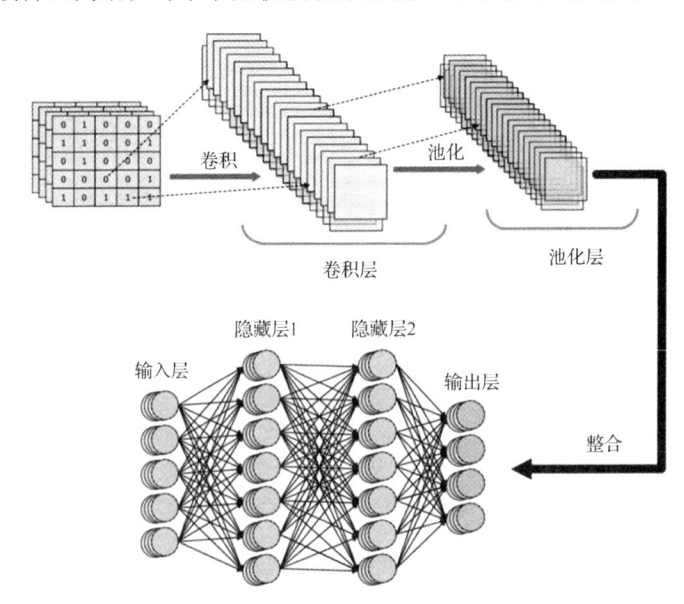

图 3-8　卷积神经网络

卷积神经网络最初是为图像处理开发的，但是目前也成功运用到了机器语言翻译和信号处理等领域。卷积神经网络通过使用由大量神经元组成的层来表示深度、高度和宽度等概念，从而以端到端的方式自动学习特征。

卷积神经网络的强大之处在于它们能够像全连接神经网络一样，使用反向传播从数据中学习卷积。卷积神经网络被训练完成后，会生成"学习表示"，将输入信息（如图像）转换为固定大小的向量，然后就可以被用作全连接神经网络的输入信息了。

在大多数机器视觉任务中，卷积神经网络已经迅速取代了早期的方法。卷积神经网络现在通常具有数百甚至数千层。卷积神经网络的逻辑对应物是反卷积神经网络，它们的工作原理相同，但过程相反。例如，反卷积神经网络可以采用固定长度的向量来生成图像，此技术可以用于深度伪造。

用大量的训练集训练高质量的卷积神经网络是一项艰巨的任务，但是卷积神经网络通常可以通过重新训练它的最后几层来扩大它的应用。在机器视觉系统中，卷积神经网络较早的层通常表示低级图像特征，如边缘和角落，而对应于不同类型对象的高级特征则出现在后期卷积层中。

卷积神经网络同样非常需要数据，并且可能需要大量的处理器来进行训练。此外，卷积神经网络因为需要标记训练数据，因此它属于一种有监督的机器学习技术。与普通的神经网络类似，卷积神经网络对数据的解释性仍旧很差，并且不允许进行显式的迁移（如将一个数据集学习到的内容轻松地迁移到另一个数据集中）。当输入的图像与原始训练集中的图像不同时，卷积神经网络可能会出现不正确甚至无意义的输出。

目前，在包括物品和面部识别的多种先进的机器视觉中都应用了卷积神经网络。从这个意义上说，卷积神经网络的发展已经是一项比较成熟的技术了。

3.3.4 递归神经网络

递归神经网络（Recurrent Neural Networks，RNN）是由一系列结构不同的神经网络组成的，因此可以处理任意长度的序列，如音频、视频和雷达情报数据等。

典型的递归神经网络与前馈神经网络类似，使用了包括权重、激活函数、隐藏层和反向传播等特征。它们的不同之处在于，递归神经网络存在允许信息及时向前传播的额外连接，以及使用特殊激活函数尝试保留重要早期输入的"记忆"。这种"循环"的存在实际上使它们能够执行

具有某些固定参数的学习程序。理论上，递归神经网络可以模拟几乎任何可以计算的函数。递归神经网络通常使用反向传播进行训练，这与普通的反向传播类似。

递归神经网络中的循环连接可以采用多种形式，如图3-9所示。一个常见的排列是让激活函数不仅考虑加权输入信息，还考虑来自前一个时间步（A）的加权输出信息。一个更强大但更难训练的排列在每个时间步骤（B）的激活层之间具有循环连接。使用先前的输出信息作为激活层的输入信息就会丢失信息，而使用先前的激活层的输出信息作为激活层的输入信息就可以保留这些信息。需要时，递归神经网络可以将序列用固定长度的向量表示（C）。这个固定长度的向量可以用作递归神经网络或其他前馈神经网络的输入信息。例如，这样的递归神经网络可以将英文描述翻译成一个向量，反卷积网络或生成自适应网络后用于生成图像。

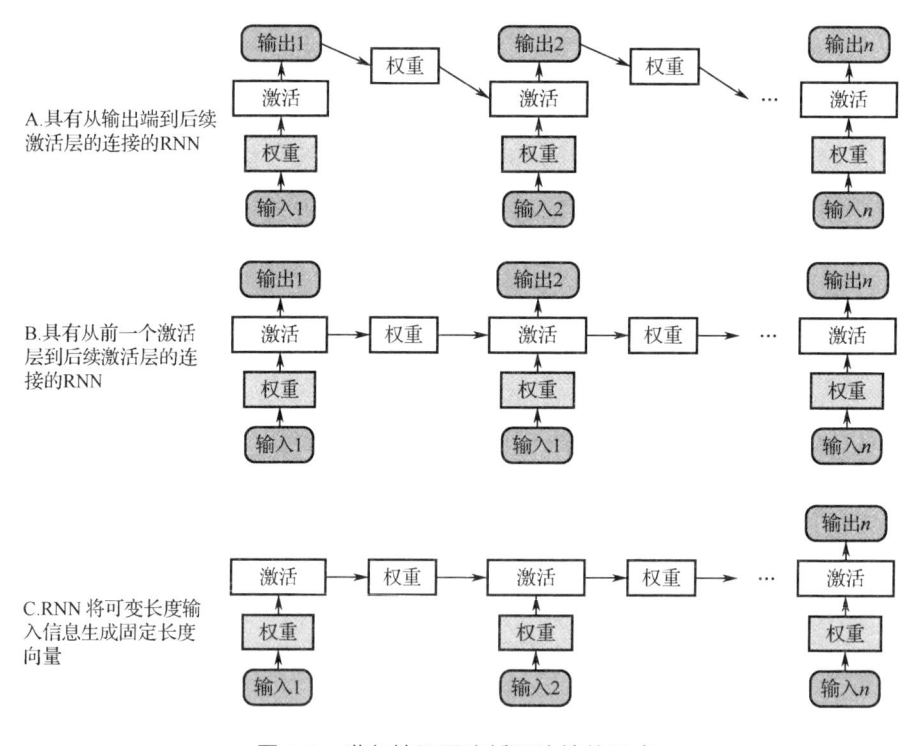

图 3-9　递归神经网络循环连接的形式

递归神经网络有很多种形式。不同形式的递归神经网络都有一个共同的组成部分——长短期记忆（Long Short-Term Memory，LSTM）单元。最初引

入LSTM单元是为了避免困扰早期递归神经网络的"灾难性遗忘"的问题——相关的早期信息随着时间的向前传播而被稀释，而在后续节点需要时往往会丢失。LSTM单元使用一个可以存储数据的记忆单元来控制网络如何展开，使其能够根据之前的输入在输入序列中向前或向后查看。LSTM单元可以与递归神经网络中其他类型的单元结合使用，使用它的递归神经网络通常用于采用其他技术的系统，如卷积神经网络。

递归神经网络在最先进的机器语言翻译和语音识别系统中得到了应用，并且还可用于文本摘要和场景描述。另外，递归神经网络可以用作一种注意力机制，以在图像中寻找某些类型的特征，将系统"引导"到感兴趣的对象可能所在的位置。例如，当前版本的开源Tesseract光学字符识别库利用LSTM单元来检测文本行在页面中的位置，同样也可以用于检测其他类型数据（如音频和视频）中的空间和时间特征。

尽管与以前的应用技术（如机器语言翻译）相比，递归神经网络需要的手工工程更少，但递归神经网络的设计和训练仍然具有挑战性。此外，特殊类型的递归神经网络可能是需要大量标记训练数据的监督系统，如需要双语文本进行训练的翻译系统。尽管使用递归神经网络的系统可以产生令人信服的结果，但仍然是"黑匣子"技术，从而难以被验证和调试。

3.3.5　自编码器

自编码器是一种可以有效降低输入信息的大小，并且尽可能完整地重建输入信息的神经网络（见图3-10）。自编码器的一个典型例子是去噪自编码器（Denoising Autoencoder，DAE）。顾名思义，该编码器如果经过有效训练，可以作为噪声滤波器，保留输入信息的基本特征。深度自编码器甚至可以对原始输入信息中隐藏在噪声背后的信息进行有根据的猜测。因此，去噪自编码器对数据处理和压缩任务具有较强的适用性，也可以部署在传感器平台上，以智能和自适应的方式对数据进行压缩，从而可充分利用有限的带宽。

自编码器属于一种无监督的学习技术，且需要经过标记的训练数据更少。我们可以使用添加噪声的样本对该种类型的神经网络进行训练，从而使该种类型的神经网络可以区分"真实"信息。尽管这种方法比较简单，但是其训练的有效性仍旧高度依赖网络架构和训练数据的选择。

与其他类型的神经网络一样，面对超出训练集很多的输入信息，这种类型的神经网络仍旧是脆弱的。如果去噪自编码器没有在与现实世界用例相似的数据集上进行训练，则它可能生成一个内部信息，该内部信息无法捕获环境中的异常特征。因此，在某些情况下，去噪编码器可能会过滤掉信息中被错误描述为"噪声"的有用特征。

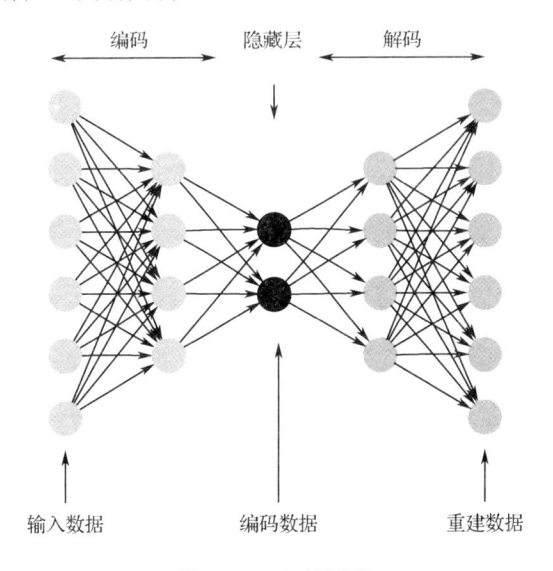

图 3-10　自编码器

3.3.6　深度强化学习

强化学习旨在选择一系列行动，以最大化某种奖励或效用函数。与监督学习不同，强化学习的训练过程从不提供"正确"答案。尽管强化学习提出的时间要早于深度学习，但是在过去的几年中，两者的结合在一些任务上取得了巨大进步，尤其是在游戏领域，如 DeepMind 的 Alpha 智能体系列（如 Alpha Go、AlphaGo Zero 和 Alpha Zero）。强化学习过程如图 3-11 所示。

强化学习与深度神经网络的结合组成了所谓的深度强化学习。深度强化学习过程如图 3-12 所示。深度强化学习是目前的研究热点，其在游戏上的成功应用使得它引起了强烈关注。在游戏上的成功不代表深度强化学习可以直接应用在其他领域。深度强化学习的主要问题集中在样本学习的效率上，这是一个需要持续研究的领域。当前深度强化学习的技术成熟度取决于所考虑的系统类型及其应用。一些游戏系统，如 Alpha Zero，是最先进的，但是目前尚未进入商业化。

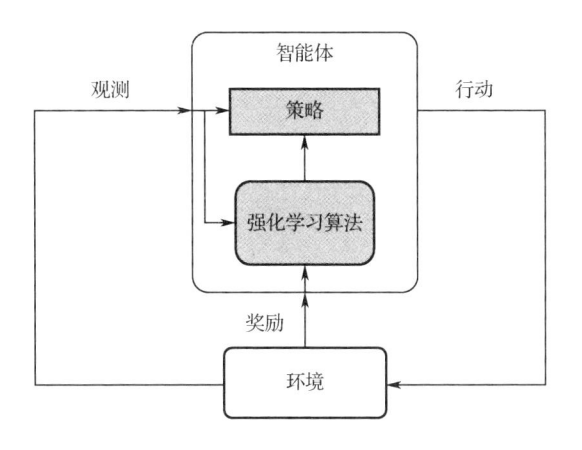

图 3-11　强化学习过程

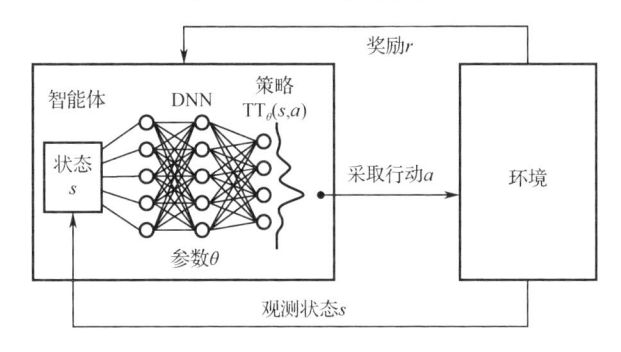

图 3-12　深度强化学习过程

3.4　人工智能方法的脆弱性

人工智能和机器学习方法在情报分析领域有很多潜在的应用，但是这些新技术可能会带来一些漏洞，机器学习也可能会被一些对抗性攻击的东西所欺骗。

3.4.1　对机器视觉系统的攻击

对抗性攻击有多种类型。一种常见的攻击方式是通过专门设计的、用于混淆机器学习和人工智能模型并导致其产生错误结果的输入。例如，机器视觉在情报分析中的应用前景非常广阔，但是机器学习的一些环节，如对象分类器，非常容易受到对抗性攻击的影响，特别是在人眼无法识别的情况下。图 3-13 所示是一个利用噪声攻击图像分类器的经典案例。在该案例中，原始图像中加入了看似随机的噪声，加入的噪声对人眼来说是根本无法分辨的，但是这种极其细微的失真可能会欺骗机器学习算法。在图 3-13 所示的案例中，因为人眼无法察觉的噪声的加入，算法就将熊猫误认为是长臂猿。如果对手有意尝试使用此类方法来对抗采用人工智能和机器学习的自动化平台，就可能使基于人工智能和机器学习的平台产生错误结果，甚至产生对方希望产生的情报结果。

熊猫
57.7%可信度

长臂猿
93.3%可信度

图 3-13 "欺骗"机器视觉的案例

一般来说，使用卷积神经网络的机器视觉系统容易受到对抗样本的影响。递归神经网络也容易受到对抗性输入的影响，尽管迄今为止该领域的工作还不太成熟。虽然讨论最多的此类攻击示例旨在将图像分类器混淆为给出特定的错误结果，但也可以设计旨在降低分类器准确性的输入，而没有任何特定的预期结果。研究人员凭经验证明，对抗样本具有一些违反直觉的特性。设计它们需要相对较少的分类器访问权限，并且它们可以处理多个分类器，尤其是那些共享架构或训练数据的分类器。在公共数据集上预先训练的卷积神经网络的普遍使用增加了这些漏洞，但这并不是唯一的原因。最近展示的对抗性示例混淆了时间有限的人类和机器视觉系统，这表明即使对强大的未来人工智能系统，防御对抗性输入也可能极其困难。

3.4.2 对语音识别系统的攻击

在另一种类型的对抗性攻击中，攻击者可以通过故意违反基本发音和语言模型的假设来攻击隐马尔可夫模型（Hidden Markov Model，HMM），如语音识别中使用的模型。例如，用特殊的口音故意颠倒英文字母的顺序说出的话可能会导致其他表现良好的模型输出废话。事实上，研究人员已经证明了对语音识别系统的对抗性攻击。这甚至扩展到更高级的方法，如深度强化学习。

前面列举了一些例子来说明对抗性攻击的威胁，但这代表了基于人工智能和机器学习分析的一个真正问题。将人类分析师完全从情报分析过程中移除会使系统暴露在这种对抗性攻击中。在情报分析领域应用人工智能和机器学习需要考虑如何主动防御这些对抗性的攻击，尽管目前如何防御对抗性攻击还很不成熟，但是任何使用机器学习的领域都需要了解对抗性攻击的特点，并密切关注它们的发展进程。

第4章

基于数据流挖掘的情报分析技术体系架构

情报是为达成某种特定目的,有意识、有计划地对有关的事实、数据、信息、知识等要素进行劳动加工的产物。情报分析的本质是要减少信息的不确定性。情报分析工作一般通过迭代的线性工作周期对情报加以描述和区分,其大致的过程为:需求、计划或指导、收集、处理、分析和生产、分发,然后再回到需求。

随着信息技术特别是新一代通信网络、人工智能、云计算、大数据等技术的迅猛发展和广泛应用,包括情报收集人员、处理人员,以及保障人员在内的各类情报人员都可以通过网络同步感知数据并加工处理、分析判断。信息技术为情报分析工作提供了更加广谱多源情报数据的同时,也将推动情报分析技术发展并改变情报分析业务模式。由于大数据背景下数据处理量巨大,这就对传统的线性情报加工处理、分析判断周期提出了严峻挑战。本章针对上述问题,在传统情报分析周期体系的基础上,提出基于数据流挖掘的情报分析体系。

4.1 情报分析过程

4.1.1 大数据时代情报分析技术发展

情报分析技术在大数据时代面临着巨大的机遇和挑战。大数据的基本含义是数据规模巨大,但又仅仅表现在数据规模上。IBM 公司将大数据的特点总结为 4 个 V:Volume(容量)、Velocity(速度)、Variety(变化)和 Value(价值)。大数据技术的发展为从数据中挖掘知识、探寻规律、预测未来提供了可能,并能够回答以往没有考虑或难以回答的问题。大数据已经成为一个

组织的高价值信息资产，需要新的思维模式和处理方式，以提高组织的分析能力、决策能力和预判能力。

虽然数据规模巨大是大数据的一个重要维度，但大数据更多的维度是大数据背后所隐藏的关联关系、因果关系等知识。大数据时代的情报分析技术，也呈现了一些新特征、新发展。

（1）情报分析技术亟待突破。大数据背景下的情报分析不是传统的分类汇总和统计分析，更多的是融合整编、数据挖掘、因果推断、知识发现和智能学习。大数据时代，如何在掌握各种情报信息的基础上，分析、挖掘、加工、创造出更多的知识，提供更加有价值的情报产品，已经成为情报机构、企业、政府以及研究领域面对的问题。"业务即数据""数据即业务"，这些都对情报分析技术提出了新的挑战和更高的要求。情报分析技术自身亟待突破。

（2）情报数据更趋多样化。大数据时代，情报数据的获取渠道和表达形式更趋多样，情报数据的多源性和多样性特征非常突出，情报数据既可能是结构化数据，也可能是非结构化数据，并包含了数据库数据、电子表格数据、文本数据、传感器数据、视音频数据等诸多形式。关于同一情报事件或规律的情报知识可能隐藏在多种来源的数据表达中，也可能是情报的不同侧面来自不同来源的不同数据表达，这些都为情报分析的交叉验证提供了更大的便利，但同时也需要情报分析综合运用多种手段和技术，以提高情报分析工作的科学性和准确性。

（3）情报分析新技术应用已成必然。情报数据具有规模巨大、类型多样、增长快速、价值巨大的特征，对情报数据的获取、融合、存储、加工、分析等各个环节都提出了新的要求，已经牵动了相关新技术的快速发展和广泛应用。大数据技术最新成果在情报分析中的应用已成为发展趋势和必然要求。大数据时代，以人工分析为主的传统情报分析模式难以突破瓶颈，计算机辅助分析、人工智能自动化分析、人机协同分析等模式，将成为大数据时代情报分析的主流模式。

大数据时代的到来和大数据技术的发展，给情报分析工作既带来了巨大的机遇，也产生了巨大的挑战。一方面，在大数据时代，大数据为情报分析的新发展提供了机会和支撑，通过大数据技术发展最新成果的应用，将极大地推动情报分析理论与实践的进步。另一方面，大数据时代，各类组织更加重视数据采集、管理和分析，这就推动更多人员、组织、学科进入情报分析

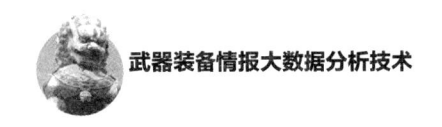

领域，在提高情报分析的普及应用程度的同时，也将更好地提高情报分析的水平。如何在传统情报分析技术的基础上，有效利用新技术发展的最新成果，已成为大数据时代情报分析需要深入思考和解决的问题。

大数据时代对情报分析提出了更高的技术要求。美国国家科学基金会在其发布的研究报告中提出，美国在科学和工程领域的领先地位，将越来越取决于利用数字化科学数据以及借助复杂的数据挖掘、集成、分析与可视化工具将其转换为信息和知识的能力。人工智能技术的发展，能够辅助人类完成复杂的情报信息处理分析工作，从而把情报分析人员从枯燥的体力劳动中解放出来。从情报信息源来讲，情报分析的对象得到了巨大扩展，可能包含微信、微博、网页浏览等媒体信息，也可能包含图片、视音频、新闻等信息，其中包含大量的非结构或半结构化数据。此外，多元化的情报数据还需要根据不同的情报分析需求被整编融合，这可能需要语义层面上的技术突破和支持。从情报分析需求来看，简单的统计分析方法面对大数据已难以满足需求，需要数据挖掘、机器学习、人工智能等技术的有力支撑。世界各国正在积极推动的数字化基础设施建设，也正在推动情报分析技术水平的提高，例如，欧洲的网格基础设施项目就致力于为欧洲各领域研究人员提供集成计算资源，从而推动领域的技术创新。

4.1.2　传统的情报周期

在长期的情报实践中，情报分析工作已形成了一些情报周期。一种传统的情报周期如图 4-1 所示。

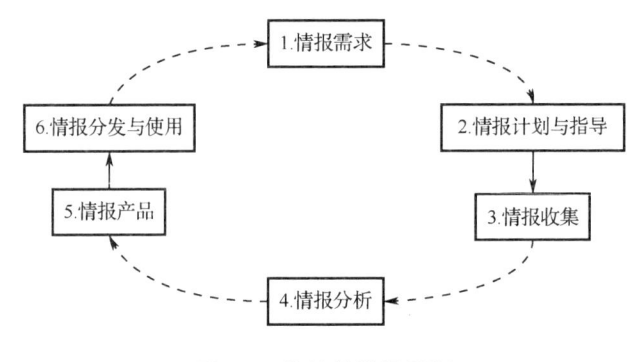

图 4-1　传统的情报周期

注：图中虚线代表从一个情报周期向下一个情报周期的过渡。在此期间，用户对情报产品加以审查，并提出新的情报需求。

传统的情报周期分为 6 个基本阶段。

（1）情报需求。情报周期通常从确定情报需求开始，通常由情报用户（决策者）根据所要达成的目的对情报问题进行界定。

（2）情报计划与指导。该阶段主要是确定情报周期的步骤来解决情报问题。指导者需要向情报收集人员下达任务以收集缺失信息，指派分析人员对相关问题进行研究，并写出研究报告。

（3）情报收集。该阶段情报收集人员根据计划或指导收集相关的资料信息或数据。从此时开始，有关信息必须经过加工处理，如外文材料必须翻译，加密信号必须破译；胶片或数字信号必须转换成可视图像；对于人力情报来源，必须加以证实并形成报告格式。

（4）情报分析。新收集和已处理的材料必须与有关的历史材料汇总，以便形成情报产品。情报分析阶段通常还要对情报成品进行专门的监督和审查，但对于形势快速变化的情报只需进行简单的融合即可。

（5）情报产品。情报分析完成后就可形成可用的情报产品。

（6）情报分发与使用。情报产品必须以书面报告或简报的方式分发给用户，接下来过渡到一个新的情报需求阶段，并开始新的情报周期。

传统的情报周期界定了一系列相对独立的阶段，这些阶段规定和制约了信息的流动。情报周期将收集人员、处理人员与分析人员分开，经常"把信息扔到墙外"，使其成为后一阶段人员的责任。每个阶段都难以对最终情报产品质量负责。这种阶段划分在每个阶段造成了程式化、相对固定的要求，因此情报产品更易于被对手预测，也更易于遭到对方的反制。

传统的情报周期是一种解决问题的常规方式，其遵循一个连续的、有序的、线性的流程，从提出问题开始，到找到答案为止，即首先从了解问题入手，接下来是收集和分析数据，然后运用各种分析技巧解答问题。事实上，问题越复杂，遵循这种有序的流程就变得越重要。这种连续有序的线性方法的缺陷在于它不符合人类认知世界的过程：人类的思维过程并非是线性方式的，常常可能在寻找问题解决方案的过程中，从一个问题跳到另一个问题，或者从问题的一个方面跳到另一个方面。在实践中，情报官或许从情报分析跳回到情报收集，然后回到情报需求，再回到情报收集，之后再回到情报分析。这看起来是一个非常凌乱的过程，根本不像一个有规可循的周期。

传统的情报周期理论，更多的是描述情报工作的组织结构和职能分工，很少涉及具体的情报流程。大数据时代，传统的情报周期理论在实践中已不

适用。为解决这些问题，人们提出了以目标为中心的情报分析体系，并以保密的网络和大数据技术为支撑，构建多方参与的网状情报分析流程。

4.1.3 以目标为中心的情报流程

以目标为中心的情报流程是让所有参与生产可靠情报的各方聚集在一起，帮助分析人员和情报用户完成任务。虽然情报界是围绕层次体系组织的，但以目标为中心的流程则为情报收集人员、情报分析人员和情报用户勾勒出一种合作方法，以对付越来越复杂的情报需求。情报分析不能只是简单地向用户提供更多的情报。过多的情报信息往往会超出用户的处理能力，并且易于造成情报失误。情报分析需要提供满足用户需要的情报产品，即所谓的"可供行动用的情报"。计算机与多媒体数据通信的融合，使情报数据生产者和情报用户能够从传统的层级体系向基于网络的大数据体系迈进，进行更加密切的互动。

传统情报周期的一个替代方法是，使所有的利益相关方（包括用户）都作为情报流程的组成部分之一。情报分析中，利益相关方包括情报收集人员、情报处理人员、情报分析人员，以及为保障这些人员的系统建设和维护人员。例如，就某一特定问题而言，美国的情报用户可能包括总统、国家安全委员会、军事司令部、外交官、国土安全部、地方执法部门，以及美国海军舰艇指挥官等。为了将他们包括在情报流程中，必须重新定义情报周期。这不是为了在传统的等级组织中便于实施，而是为了使该流程能够充分利用不断发展的信息技术并能够处理各种复杂问题。

图4-2从以目标为中心或以目标为导向的视角，对情报分析流程进行了描述。该流程的目的是建立一个目标共享的图景，所有参与者均可从中提取他们所需的要素，完成自己的工作，并为此贡献自己的资源或观点，以便建立一个更加准确的目标情景。该流程既不是一个线性过程，也不是一个情报工作周期（尽管它含有许多反馈回路或工作周期），而是一个所有参与者都关注最终目标的网状合作过程。美国情报界将其描述为"以网络为中心的合作过程"。

如图4-2所示，当用户在行动中遇到问题时可以通过查看当前对目标的了解程度（当前的目标情景），以明确所需要的信息。情报分析人员与分享同一目标情景的情报收集人员一起，将这些需要转换成情报收集人员所要解决的"情况空白"或"信息需求"。当情报收集人员获得所需信息时，该信

息就被纳入目标共享图景。从这种图景中，分析人员提取可用于行动的情报，并将其提供给用户，反过来，用户也可向共享的目标图景补充自己的认识，提出新的信息需求。

如图 4-2 所示，由于参与者的合作，可以减少情报工作中的失误，同时其他成员可以作为协调员参与整个团队为产品负责。该流程还可以基于基础信息设施，满足更加广泛用户的应用需求。通常情况下，关于某个具体问题的情报可能有许多最终情报用户，而这些用户的需要又各不相同。例如，军事、外交、金融和对外贸易组织或许都需要关于某国的信息，由于这是一个共同目标，他们的需求因而出现重叠，但每个组织又有自己独特的需求。

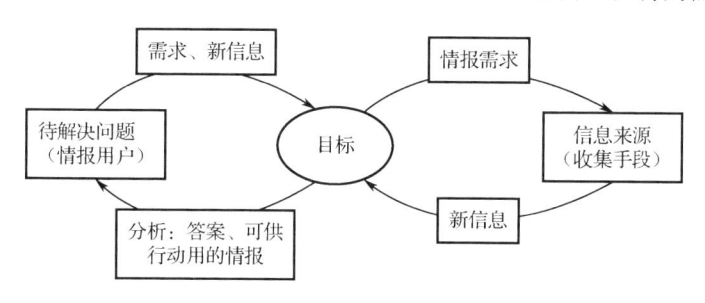

图 4-2 以目标为中心的情报分析流程

对复杂问题而言，以目标为中心的情报分析方法比传统情报周期视角更有前途。传统的情报周期虽然具有循环迭代的过程，但在实践应用中更多地呈现为线性的连续过程。以目标为中心的情报分析方法的出发点是相关人员的网状合作，其分析过程是非线性的，由于利益相关方都能参与其中，因此能够更好地提高情报质量。用户的参与增加了相关情报产品被采用的可能性和时效性。据说，美国政府已经从传统情报分析过程脱身，越来越多地依赖复杂而高效的情报网络和大数据技术为其分析。决策者越来越多地转向大数据技术支撑的情报分析过程，将有利于提高决策效率。

情报作为一个过程，正转变成一种非线性的、以目标为中心的网络，即由共同专注于情报目标的情报分析人员、情报收集人员和用户组成的合作团队。信息技术的快速发展正在推动这种转变。

对以目标为中心的情报分析网络而言，所有重要的目标都具有复杂系统非线性、动态、演变等特征。因此，以目标为中心的情报分析大多描述为一种动态网络——随时间推进而不断演化的网络。与这类网络发生的冲突一直被称为网络战或以网络为中心的冲突。在对付敌对网络时，情报网络必须高

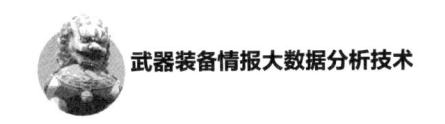

度合作。然而，历史上，像美国情报界这样庞大的情报机构，却存在较多不利于合作的限制因素。如果那些抑制因素能够得到消除，美国的情报机构将与最先进的商业情报机构相似，既以目标为中心，也以网络为中心。

4.2 基于数据流挖掘的情报分析系统体系架构

近几十年来，随着信息技术和数据库技术的快速发展和广泛应用，各行各业均存储了海量数据，而且仍在以惊人的速度不断产生数据。数据的产生和积累速度已经超出了人类处理数据的能力，出现了"数据丰富，信息和知识贫乏"的现象。大数据技术的发展，为以目标为中心的情报处理复杂模型提供了更多的数据和技术支撑，能够更好地满足情报用户和分析人员的使用需求。

4.2.1 数据挖掘概念

针对"数据丰富，信息和知识贫乏"的现象，如何有效地处理和利用大数据已经成为人们必须面临的挑战。如何才能不陷入"数据迷雾"，及时有效地利用数据挖掘有用的知识，并更好地满足用户的各种需求，从而推动数据挖掘、知识发现技术的产生和发展，并呈现了越来越强大的生命力。

数据挖掘是一个从存储在数据库、数据仓库或其他信息库的大量数据中挖掘有用知识的过程，而这些知识往往是事先未知的、隐含的潜在有用信息。从技术角度看，数据挖掘是从大量的不完全、有噪声、模糊的数据中，通过技术手段的运用分析挖掘出隐含的事先未知，但又潜在有用的信息和知识的过程；从应用角度看，数据挖掘是一种新发展的信息处理技术，主要是对大量数据进行采集、抽取、转换、分析等模型化处理，进而提取出关键性数据和有用的知识。数据挖掘是数据库、人工智能、云计算、机器学习、统计学、模式识别、知识工程等领域的有机结合和综合应用，从而挖掘出数据背后所隐藏的新颖、有价值的知识。

4.2.2 数据挖掘的过程与步骤

数据挖掘的过程通常包括数据准备、数据处理和结果解释评估三个阶段，并进一步细化为五个步骤。

步骤一，确定目标。首先需要定义数据挖掘的目标，即确定数据挖掘的业务对象，这是数据挖掘的首要任务。虽然最终的数据挖掘结果往往是无法

预测的，但是在数据挖掘之前需要明确所要探索的问题，否则数据挖掘将是盲目的，也无法成功。

步骤二，数据采集。根据数据挖掘目标确定需要采集的数据。数据往往存在不同的数据源中。常见的数据源如下。

（1）关系型数据库，如企业 CRM 系统中的数据库。关系型数据库是常见的数据源。

（2）格式化与非格式化文件，如 Excel、txt 文档等。

（3）网页。有一些有用数据在外部网页上，而且当有 API 时，需要运用爬虫技术爬取收集。

（4）API。有些数据会有开发接口，如输入手机号码可以返回对应号码的归属地，有开放的外部 API 调用。

（5）其他非格式化数据，如图片、视频、音频等。

步骤三，数据整理。数据采集完成后需要对数据进行清洗和加工整理。根据数据挖掘目标进行数据筛选、数据变量转换、缺失值处理、垃圾数据处理、数据标准化等操作。当数据量小时可以用 Excel 进行数据整理；当数据量大时，可以用 SQL、ETL 工具、Python 等进行数据整理。

步骤四，数据建模。数据经过采集和整理后，需要确定其是属于数据挖掘应用中的哪类问题（分类、聚类、关联规则、时序模式或智能推荐），应该选用哪种算法构建模型，如选用基于关联规则算法的动态智能推荐、基于聚类算法的价值分析、基于分类与预测算法的预测等。

步骤五，数据可视化。对提取的有用信息和形成的结论数据，可以用 Excel、Python 等生成图表和可视化的数据报告，也可以通过 Web 技术生成数据报表系统或商业智能系统，以将数据挖掘分析得到的知识集成到业务系统中，支持用户的具体应用需求和辅助决策。

4.2.3　情报分析中数据挖掘技术的功能用途

数据挖掘技术可用于从多源情报数据中发现隐含的、有价值的情报知识，从而提高情报分析的技术水平和智能化程度。数据挖掘技术在情报分析中主要有以下用途。

（1）趋势（行为）预测。数据挖掘技术能够自动地在情报数据源中分析发现预测性信息。传统技术往往需要大量手工分析，利用数据挖掘技术可以快速地对数据进行处理分析并得出有用的结论和趋势（行为）预测。

（2）关联关系分析。情报数据中多个属性变量之间往往存在着某种关联关系，并且可用某种关联函数表达式加以描述。这种关联函数往往是隐藏于数据背后和事先未知的，通过关联关系分析能够挖掘出情报数据中所隐藏的关联关系网络，进而生成关联规则。

（3）数据聚类。情报数据中的数据项可被划分为一系列有意义的子集，各子集内部数据项"距离"靠近，各子集之间数据项"距离"很远。数据聚类可辅助人们加强对情报数据的总体认识，并且可以为其他情报分析工作提供支持。

（4）概念描述。概念描述是对事物内涵、属性特征等的描述和表征。概念描述通常包括特征性描述和差异性描述。其中，特征性描述是对某一类对象共同特征的描述；差异性描述是对不同类对象之间的区别进行描述，并通常采用决策树、遗传算法等方法。

（5）偏差检测。偏差检测主要是对情报数据中的偏差数据进行检测和分析。情报数据中，经常会存在一些与其他数据或模型不一致的异常数据，这些数据通常被称为偏差数据或孤立点数据。偏差检测能够用于分类中反常实例、聚类中离群值、不满足规则特例等数据的检测和分析，这些数据大多是错误数据、噪声数据或欺骗数据，在情报分析中往往能发挥很好的启示和判别作用。

4.2.4 基于数据挖掘的情报分析系统

基于数据挖掘的情报分析系统是根据特定的情报需求，以基于信息网络的数据情报为主导、数据挖掘技术为支撑、云计算等为手段，以广泛的数据收集、选择、关联、分析和综合等情报加工处理为基本过程的信息系统。它是以形成新的、增值的情报分析产品，将为不同层次的科学决策为主要目的的一类基于数据的情报分析智能活动，是将信息管理和知识管理有效结合起来的决策支持系统。基于数据挖掘的情报分析的基本流程如图 4-3 所示。

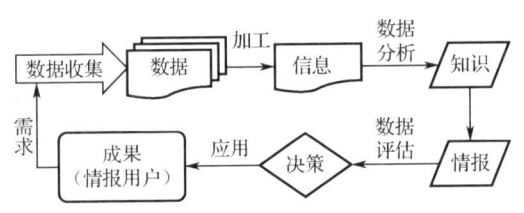

图 4-3　基于数据挖掘的情报分析的基本流程

数据挖掘与情报分析系统二者有很强的相似性，它们不仅数据来源相似，并且情报分析的"信息"与数据挖掘的数据具有相同的含义；二者的分析过程相似，并且步骤也基本相同，都包含数据收集、数据加工、数据分析、数据评估等关键步骤；二者的目的相似，数据挖掘的目的是发现知识，通过对数据的分析挖掘，寻找其内在变量的关联关系，从而获得相关知识，而情报分析的主要目的是通过对情报数据的处理分析，进而寻找其内在规律，形成情报产品，也是一个获取和应用知识的过程。基于数据挖掘的情报分析系统，就是以数据的自动分析为基础，实现由情报数据向情报产品的转变。

同传统的情报分析相比较，基于数据挖掘的情报分析的情报数据获取方式由人工收集扩展到由机器自动抓取；情报分析也上升为多源、多维、多粒度分析。当前，采用基于数据挖掘技术工具化软件对多种资源进行自动采集、自动分类和自动分析，从海量情报数据中及时准确地筛选关键情报信息，通过人工干预与系统自动化处理相结合的方式，经过一定的处理流程形成情报产品，进而提高情报的快速处理和反应能力，无论从体系结构还是具体方法上都具有很强的可行性。数据挖掘技术和情报分析系统的融合，在提升情报分析效率、效果和效益的同时，也将推动情报分析技术自身的发展。

4.2.5 基于数据流挖掘的情报分析技术体系

传统的数据挖掘方法必须将数据全部保存到存储介质上，然后通过访问存储介质进行情报信息挖掘。数据流是一类持续不断到达，并且到达速度快，数据多变化、规模巨大，无法全部保存在存储介质上进行分析处理的数据。数据流挖掘分析的关键是设计实现高效的单遍扫描算法。该算法能够在内存空间里维持并不断更新一个代表数据流的模型结构，并且能够基于该模型结构处理分析新到达数据。数据流具有到达快速、规模巨大、无法全部存储等特点，使得传统的数据挖掘技术难以适用于数据流挖掘。相较于传统的数据挖掘技术，情报数据流挖掘主要面临以下挑战。

低时空复杂度。数据快速到达是数据流的基本特点，因此数据流快速处理需求与有限资源之间的矛盾是数据流挖掘需要解决的首要问题。理论上，数据流的规模是无限的，为保证处理算法能适应数据流的快速处理需求，数据流挖掘算法必须具有低时空复杂度。

增量近实时性。由于数据流挖掘采用的是单遍扫描算法，因此其必须具备增量式更新的功能。由于历史数据通常不再保存，原有针对数据库中持久存储的数据而设计的可多遍扫描的算法将不再适用于数据流应用，针对不同的数据流分析处理问题，需要设计相应的增量式更新的数据结构和挖掘算法；数据流的快速性势必要求算法能近实时地处理每个流数据，通常要求算法具有线性甚至次线性的处理速度。次线性可通过抽样等技术获得。

自适应近似性。数据流的不确定性和时变性要求算法具有自适应的功能。数据流挖掘算法必须能够及时检测到数据流负载、流速和数据分布等的动态变化，并且能够根据数据的动态变化自适应地调整相关的算法参数，进而提高算法稳定性和可靠性，如可通过调度优化、负载平衡和降载等技术处理过载情况。数据流应用通常仅需满足精度要求的近似结果，而其算法可应用近似算法的设计思想和方法。

传统数据处理模型和数据流处理模型的比较如图4-4所示。

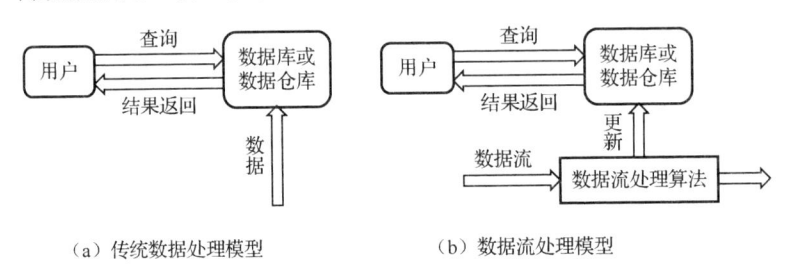

图4-4 传统数据处理模型和数据流处理模型的比较

随着情报数据的产生速度越来越快、来源渠道越来越广，现实世界中的情报数据几乎已无法一次性全部获得，而是以数据流的方式不断累积产生。每当新情报数据到达后，传统的数据挖掘算法必须把新数据和以前所获取的全部数据综合起来进行重新训练构造模型。这种算法需要记录、存储、管理不断到达的情报数据，使得存储成本高昂，并且对于一些实时性要求高的应用，不但处理效率低，而且无法提供及时的情报结论，而增量式方法越来越受到重视。

针对情报数据流模型的这些特性，其数据挖掘技术应该满足以下几点。

（1）每个情报数据样本只能有很短的处理时间，否则情报分析系统的处理速度就无法匹配情报数据的到达速度。

（2）情报分析系统的内存容量是固定的，而不管总体情报数据的大小。

（3）情报分析系统对每一个情报数据项最多只能扫描一遍，这是因为对情报数据流进行多遍扫描代价非常巨大甚至是不可能的，并且很多时候不会备份情报数据流。

（4）情报分析系统需要采用即时算法，使该系统一旦运行一段时间就构建分析模型并在任意时刻都是可用的，而不是像传统的数据挖掘算法那样需要处理完所有样本后才能使用该系统。

（5）理论上，基于数据流挖掘的情报分析系统所生成的模型与传统的数据挖掘算法生成的模型的精度应该相同或相近。

（6）当情报数据中发生了概念漂移时，情报分析系统在保存老的有用的信息的同时，所生成的模型必须和新的情报样本数据保持一致。

目前，国内外的大学和科研机构根据数据流的特点，结合具体的行业背景和应用需求，提出了很多种数据流模型，并研发了一些数据流处理系统。

STREAM（Stanford Stream Data Manager）系统是美国斯坦福大学推出的一个通用型数据流原型系统。该原型系统以关系型数据为基础设计了一种数据流查询语言 CQL（Continuous Query Language）。STREAM 系统的核心思想是在计算资源有限的情况下，能够有效地给出近似的查询结果。其设计的关键点是对连续、时变数据流的管理，以及近似结果查询处理，同时该系统还对查询语言、操作调度、资源管理、负载控制等方面开展了研究。STREAM 系统能适应数据流海量、快速和易变的特点，具有良好的连续查询能力。

TelegraphCQ 系统由加州大学伯克利分校开发，建立在开源数据库 PostgreSQL 之上。其主要设计思想是工作流系统，在查询处理上主要是基于主动查询处理引擎，并通过元组路由、分组过滤等技术实现了多查询算子的共享。其关注重点是自适应处理和基于流水线的动态操作调度等。

Aurora&Borealis 系统是由布朗大学、布兰蒂斯大学和麻省理工学院等联合开发的一个实时数据流系统。该系统主要针对实时监控、数据归档、历史与当前数据结合处理三类应用。该系统偏重于实时处理，如 QoS 管理、内存感知的操作调度、基于语义的负载控制，以及支持归档的存储管理等。

Gigascope 系统是由 AT&T 实验室开发的一个高性能数据流管理系统，主要用于分布式高速网络数据流的监控。该系统采用了两层查询结构，并能够根据数据流到达速度和可用计算资源选择恰当的处理策略。

数据流挖掘是信息处理技术发展到一定程度的产物。将数据流挖掘技术运用于情报研究和情报分析，可以更好地拓宽大数据技术的应用范围，大大提高情报工作效率和情报分析的准确性。

基于数据流挖掘的情报分析技术体系结构如图 4-5 所示。

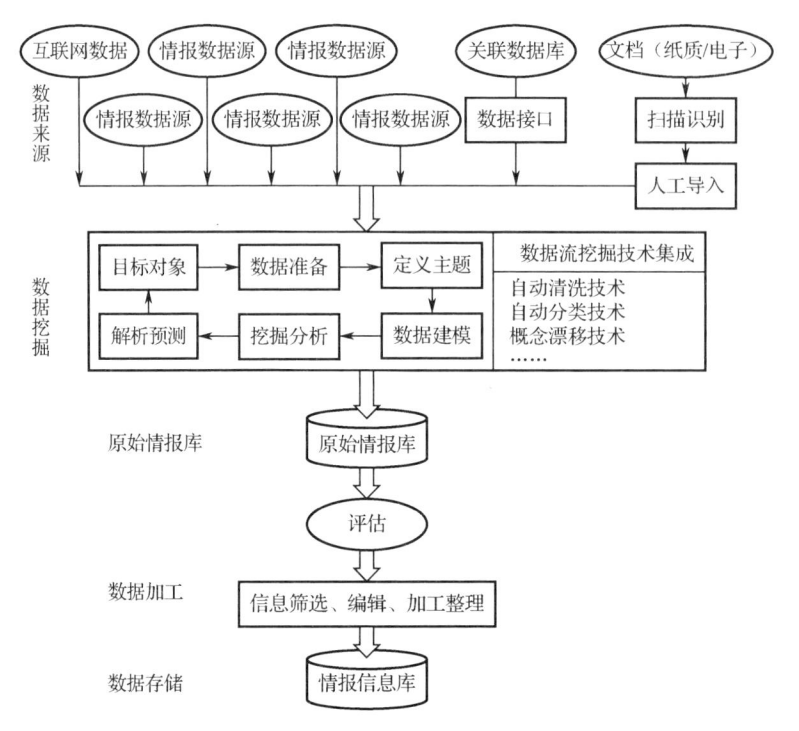

图 4-5　基于数据流挖掘的情报分析技术体系结构

数据流挖掘系统包括数据收集、数据加工、数据分析和数据评估等多个子系统，在情报数据分析系统中集成数据流挖掘技术，通过挖掘技术进行筛选、查重、自动摘要、自动分类、自动聚类、相似性检索等处理，去掉大多数不关注的信息，简化了情报分析中数据预处理工作的难度和复杂性；将信息筛选、编辑、加工整理，将处理后的信息从原始信息库加入情报信息库；经过评价后进一步加工，形成情报产品，发布到情报门户平台，提供快捷友好的多途径检索、情报推送定制、邮件订阅等分层次情报服务。

4.3　大数据背景下情报数据流挖掘分析的关键技术

随着信息技术尤其是大数据技术的飞速发展和推广应用，对情报数据的产生、收集、传输、存储、处理、管理和应用等各个方面都产生了巨大的影响，需要处理的情报数据正在高速增长。如何更好地利用数据流挖掘技术从实时海量情报数据流中挖掘出有价值的情报信息，生成高质量的情报产品，正在成为情报研究与分析领域必须迎接和面对的巨大挑战。下面主要研究情

报数据流挖掘中的信号噪声处理技术、数据分类处理技术和概念漂移处理技术三类关键技术。

4.3.1 信号噪声处理技术

"信号"与"噪声"的本意源于通信领域,兰德公司的罗伯塔·沃尔斯泰特将其引入情报分析领域,用以指代情报在收集、传递、生产、分发和使用的过程中质量受到损耗,导致情报分析失误的现象。罗伯塔·沃尔斯泰特在 1957 年的兰德公司内部报告中提出,在"珍珠港事件"发生前,美国情报机构已经获取了大量的情报资料,但仍然没有分析得出准确的情报结论。他认为,美国情报机构对"珍珠港事件"分析失误的主要原因可以用"信号-噪声"理论加以解释。该理论中,"信号"是指预示着某种危险或敌方行动和意图的征兆、线索或证据资料;"噪声"是指对真实信号产生负面影响的、误导性的、不相关的以及相互矛盾的信息和征兆。分析人员之所以判断失误是因为获得的资料中既包含"信号"又包含"噪声",而且他们没有正确地从"噪声"中分离出"信号"。罗伯塔·沃尔斯泰特对这个过程做了具体解释。首先,"信号"经常是模糊不清的,而分析人员的心理预期往往决定他将把哪些信息当作"信号",并按照自己的先入之见进行解读。其次,"噪声"与"信号"往往混杂在一起。这些"噪声"会严重干扰分析人员识别本来就比较模糊的"信号",甚至将分析人员引入歧途,即把"噪声"也当成了"信号"——当然这些都是"事后之明"的判断。最后,往往没有任何机构或个体能够在特定的时间里获得全部"信号"。"信号"往往散布于不同的时间和地点,所以只有将一系列"信号"放在一起比对才能将既有的猜测和疑惑转变为清晰的判断。

根据这个理论,情报分析成功与否的关键,在于分析机构或者分析人员如何分辨出"信号"和"噪声",但是真正要区分二者非常困难。例如,"噪声"既有可能是人工疏忽的误差、通信手段的故障以及语言表达不清楚等随机"噪声",也有可能是敌方主动释放的假情报;既有可能是因为分析人员自身思维偏见而产生的干扰,也有可能是因为情报机构之间协调不力、保密制度过于严格造成的信息共享不足所致。因此,如果上述问题不能得到很好的解决,区分"信号"与"噪声"始终是非常困难的。

对收集到的大量情报数据,首先需要进行数据清洗,具体包括填补信息中的缺失值,处理部分模糊信息,消除信息中不一致和噪声数据等。缺失数

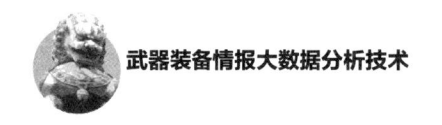

据、噪声数据和不一致数据都会导致情报信息的不准确。噪声数据的存在极大地影响信息处理的效率,还可能会导致信息的不准确。因此,去除噪声数据是情报信息处理的基础工作,也是非常重要的一项工作。

4.3.2 数据分类处理技术

数据分类处理技术是机器学习中一项发展较为成熟的关键技术,其目的是首先根据训练样本学习构建一个分类器(也称为分类函数、分类模型),然后基于分类器能够将新的数据项归结到具体某个分类类别。

数据分类处理技术是一个充满挑战的研究领域,正处于技术发展阶段,特别是在如何更有效地选取数据样本、更好地保存样本信息、更准确地生成分类模型、更及时地处理概念漂移等方面还有很多问题需要研究解决,具体包括连续属性处理、概念漂移、样本抽取、分类精度、数据流管理、数据流预处理、新理论创新应用等各类关键技术。在分类技术的研究领域中,根据数据分类处理技术包括决策规则、贝叶斯理论、反向传播法、关联分类法、最近邻分类器法、基于事例的推理范例式推理法、基因算法、粗糙集法和模糊集合法等。

4.3.3 概念漂移处理技术

对客观世界存在的诸多对象,人们存在着一个"认知主体"。人们通过对客观对象的观察、思考和理解,构建自己的"认知主体",并经过思维的抽象,在思想中产生了"概念"。

概念是反映思维对象特有属性或本质属性的思维形式,是人们对客观世界进行思考的工具。概念的形成就是一个知识创造的过程。概念并不等于词语;早先的人类社会,通常是先建立概念再产生词语,但并不是所有的概念都有相对应的词语,并且同一个概念也可能对应多个不同的词语。例如,"叔叔"和"爸爸的弟弟"虽然是两个不同的词语,但表示同一个概念。

目标概念很多时候依赖于隐藏背景,而并非由预先指定的特征明确给出。例如,天气预报规则会随着季节发生改变,客户的消费习惯会随着时间推移受很多因素(如星期几、可选的购物场所、利率等)的影响发生改变。通常引发概念变化的原因是隐藏的,并且往往事先不可预知。隐藏背景的改变可能会引起目标概念的变动,从而产生概念漂移问题。一个好的情报数据流挖掘系统应该能够尽快地跟踪这种改变并根据改变修正自身模型。

概念漂移分析的一个技术难点是如何正确区分概念漂移和噪声数据。有些分析算法对噪声数据过于敏感，而错误地把噪声数据当作概念漂移；而有些算法虽然具有很好的抗噪声数据能力，却对概念漂移的发生过于迟钝。理想的概念漂移分析算法应该在具有很好的抗噪声数据能力的同时，能够及时准确地识别出概念漂移。

在有些领域，存在隐藏背景重复出现的情形。隐藏背景的重复出现，可能是由于循环现象（如不同的季节）或不规则现象（例如政策调整）引起的。在这种情况下，为了更快地适应概念漂移，许多分析算法将概念描述加以保存，留待以后重复使用。

第 5 章

大数据情报信息快速决策树分类技术

分类技术是数据挖掘发展最为成熟和应用最为广泛的技术之一，其目的是基于已掌握的数据构建分类器模型，进而基于该模型能够将新的数据映射到某一分类类别。决策树模型是一种典型的分类器模型，由于其分类过程呈现了"白盒"特征，因此更加适合情报信息分析，也是当前情报信息分析研究和应用最广泛的技术之一。

5.1 分类技术基础

分类的目的是根据训练样本进行情报数据学习，以构建一个分类器模型（也称为分类函数或分类模型）。该分类器模型能够根据新情报数据的属性特征自动将其映射到某个分类类别。

分类过程一般包括两个步骤，如图 5-1 所示。

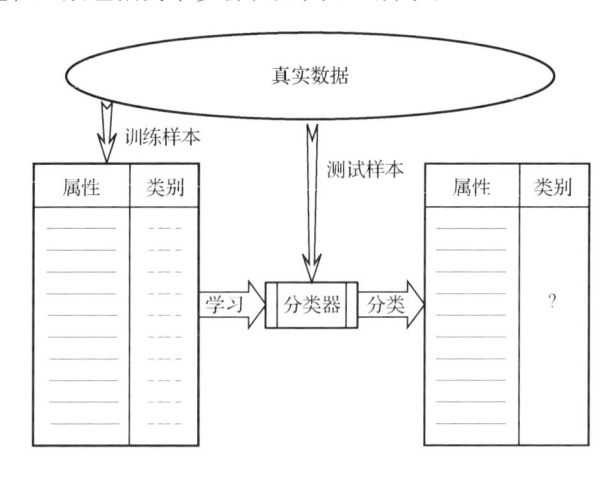

图 5-1 分类过程

第一步，构建分类器模型。通过分析数据项的属性值，可以构建相应的分类器模型。假设每个数据项都属于分类值域里的某一取值（称为分类类别）。对于分类器模型，数据项也称为训练样本。由于每个训练样本的分类类别是已知的，因此该步骤为一种有监督学习。

第二步，基于分类器模型分类新样本。首先需要估计分类器模型的分类精度，常用的方法有保持法、k 交叉验证法、分层交叉验证法、自助抽样法和留一法等。此处，分类器模型的分类精度是指分类器模型在给定测试集上的正确分类百分比。如果经过估计，分类器模型的分类精度是可以接受的，则该模型就可以用于后续新样本的分类。

分类器模型的构建需要输入一个训练样本数据集。训练样本数据集由一组数据项（也称数据记录）构成，而每个数据项包含属性值的特征向量和一个分类类别组成的序偶。数据样本可形式化描述为 $(V_1,V_2,\cdots,V_n;c)$。其中，$V_i(i=1,2,\cdots,n)$ 表示数据项的各个属性值；c 表示数据项的分类类别。

5.2 分类器模型构建方法

分类器模型的构建主要有统计学、机器学习、神经网络等多种方法。其中，统计学方法包括贝叶斯法、近邻学习或基于事例学习的非参数法等，其知识表示为判别函数和原型事例。机器学习方法主要包括决策树、规则归纳等方法，决策树对应的知识表示为决策树，规则归纳对应的知识一般表示为产生式规则。神经网络方法则主要是 BP 算法，其模型表示是一种前向反馈神经网络模型，本质上则是一种非线性判别函数。分类器模型所涉及的技术包括决策规则、贝叶斯理论、反向传播法、关联分类法、最近邻分类器法、基于事例的推理范例式推理法、基因算法、粗糙集法、模糊集合法等。

分类器模型采用的技术不尽相同，适用的应用场合也不相同，所采用的评价指标也不尽相同，其中分类器模型的评价指标主要如下。

（1）分类精度：分类器模型对新样本数据正确分类的百分比。

（2）分类速度：分类器模型对数据处理的速度。

（3）可伸缩性：分类器模型对海量数据集有效处理的能力。

（4）健壮性：分类器模型的抗噪声数据能力及属性值丢失处理能力。

5.3 增量式分类器

根据训练样本到达和处理方式的不同，分类器模型可分为增量式和非增量式两种。其中，非增量式分类器是当数据全部准备好后，根据全部训练样本进行统一学习生成的分类器；增量式分类器则是在训练样本无法一次性全部获取或处理的情况下，基于已获取的样本先建立的分类器。增量式分类器能够随着样本数据的不断到达持续加以修正。由于大数据情报信息具有多源异构、实时到达等特点，其分析需要采用增量式分类器加以处理。

增量式分类器也称为在线式、连续式或序列式分类器。增量式分类器处理的情报数据形如 $S_t = \{(X, y) \mid y = f(X), t = 1, 2, \cdots, \infty\}$。其中，$X$ 为属性；y 为样本类别标号；t 为时间戳。增量式分类器对训练样本与测试样本不严格区分，而是从持续到达的数据中选择合适的样本进行学习，并选取一定的样本作为测试样本以确保分类器的精度。根据学习构建方法不同，增量式分类器又可分为完全样本记忆和无样本记忆两类。假设一个增量式分类器依据在时间点 t 所获得的数据集合 $S_i (i = 1, 2, \cdots, t)$ 建立规则函数 $f_t(X)$，在时间点 $t+1$ 又获得新的数据 S_{t+1}，此时如果分类器摒弃 $f_t(X)$，而从 $i = 1, 2, \cdots, t+1$ 的数据集合产生 $f_{t+1}(X)$，则称为完全样本记忆法。如果分类学习算法摒弃 S_t 的数据，而是利用 $f_t(X)$ 和 S_{t+1} 生成规则函数 $f_{t+1}(X)$，则称为无样本记忆法。完全样本记忆法的优点在于从所有可获得的数据中产生训练样本，分类器的分类精度较高，但计算成本昂贵；而无样本记忆法学习速度较快，但是新规则函数可能会与之前摒弃的数据不一致，从而导致分类器的分类精度下降。

增量式分类器的研究内容如下。

5.3.1 快速分类决策树

快速分类决策树（Very Fast Decision Tree，VFDT）是一种基于 Hoeffding 不等式构建数据流处理决策树的方法，它通过信息增益等的计算不断将叶节点转换为属性决策节点而逐步生成。其中，每个叶节点保存着关于数据项属性值的统计信息，这些统计信息可用于计算基于属性值的测试。当新到一个样本后，在沿着决策树自上而下遍历的过程中，将在决策树的每个叶节点都进行属性划分测试，并根据属性值的不同进入不同的分枝，最终到达决策树的叶节点（类别）。当新到达的数据抵达决策树的叶节点后，该叶节点上的相关统计信息将会被更新，同时该叶节点基于属性值的测试值也将会被重新

计算。如果该叶节点的统计信息计算显示满足一定的条件，则该叶节点将变为一个新的决策节点。决策节点根据数据项属性的可能取值数量产生相同数量的叶节点。

评估函数采用信息增益函数，记为 $H(\cdot)$。如果属性值是离散型的，则 VFDT 每个叶节点所保存的统计信息是 n_{ijk}（表示该叶节点上属性 j 取值为 i 的类别为 k 的样本数量）。信息增益函数用于描述样本数据到达该叶节点所需的信息，其表达式是 $H(A_j) = \text{info}(\text{examples}) - \text{info}(A_j)$。其中，属性 j 的熵为 $\text{info}(A_j) = \sum_i P_i [\sum_k -P_{ik} \log_2(P_{ik})]$，而 $P_{ik} = \dfrac{n_{ijk}}{\sum_a n_{ajk}}$ 表示在类别 k 已知的情况下属性值取为 i 的概率。

VFDT 的主要创新是通过采用 Hoeffding 不等式确定叶节点进行划分所需要的样本数量。假设变量 r 取值范围为 R，观测 n 个样本后，样本观测平均值为 $\overline{r}$，则样本真值以概率 $1-\delta$ 保证至少为 $\overline{r} - \varepsilon$，其中 $\varepsilon = \sqrt{\dfrac{R^2 \ln(1/\delta)}{2n}}$。

Hoeffding 不等式一个非常重要的性质是它独立于样本分布。如果 $H(\cdot)$ 为信息增益函数，其范围 R 为 $\log_2 \#\text{classes}$，决策树的某个节点观察到 n 个样本后，X_a、X_b 分别是评估函数值最大和次大的两个属性，取 $\Delta\overline{H} = \overline{H}(X_a) - \overline{H}(X_b)$，如果 $\Delta\overline{H} > \varepsilon$，可以理论证明 X_a 为信息增益最大的属性的概率为 $1-\delta$。此时，该叶节点可以转化为基于属性 X_a 进行划分的决策节点。

VFDT 中每个叶节点的内存占用大小为 $O(dvc)$。其中，d 为数据项的属性数量；v 为各个属性可能的最大取值数量；c 为类别数量。假设 VFDT 共有 l 个叶节点，则该 VFDT 的内存占用为 $O(ldvc)$，该值独立于所处理样本数量，因此能够很好地解决数据流样本数量多的问题。

VFDT 的另一个重要性质是它在大量减少处理样本数目的同时，能够保证基于有限样本和全部样本所产生的决策树的分类精度差别小于指定的范围。

5.3.2 基于线索化排序二叉树的快速决策树分类方法

基于线索化排序二叉树的快速决策树分类方法（VFDTc）主要是从两个方面对 VFDT 进行了扩展，能够处理连续属性和在叶节点应用了贝叶斯分类技术。

现实的情报数据大多含有连续属性。传统的决策树学习方法需要对数据

项的连续属性进行排序，而排序操作非常耗时，无法满足数据流处理的实时性要求。VFDTc 针对该问题提出了一种改进的解决办法。

VFDTc 针对每个连续属性的决策节点，采用形如 $attr_i \leq cut\_point$ 的方式对连续属性进行划分，两个分枝分别对应划分测试取值的真值和假值，其中 cut_point 为该连续属性的所有可能取值。为了比较各个连续属性划分的优劣，需要计算样本的属性值小于或等于或大于 cut_point 的类别分布情况。数值 n_{ijk} 是计算所需的统计信息，用于在每个叶节点上保存到达该叶节点的数据样本的类别分布情况。对每个连续属性 j，叶节点都保存一个属性树。属性树的每个叶节点对应连续属性 j 的一个不同取值 i，并同时在叶节点上保存两个向量 **VE** 和 **VH**（维度为 k），分别用于计算经过该叶节点的样本数量。**VE** 和 **VH** 分别保存最终类别为 k 的 $r \leq i$ 和 $r > i$ 时的数目。当样本到达某一叶节点后，该叶节点的所有属性树都要进行更新。新样本插入的时间耗费是 $O(\log_2 n)$（其中 n 为属性 j 不同取值的数量）。

为了计算和选取连续属性的最佳划分叶节点，VFDTc 将计算该连续属性所有可能划分叶节点的信息增益，即把当前所观测到的该连续属性的所有可能取值都作为划分叶节点进行计算。

为了对一个新到样本数据进行分类，样本数据需要实现从决策树的根节点到某一叶节点的遍历，同时该样本将被标记叶节点的类别。VFDTc 中的另一个创新是在叶节点上采用了贝叶斯分类技术，即在假设给定类属性相互独立的情况下，测试样本标记为能够最大化贝叶斯规则后检验概率的类别。

VFDTc 提出了连续属性处理的方法，但在划分叶节点的计算和选择上考虑了连续属性的所有可能取值，这需要很大的计算开销。Fayyad 等已经证明了属性两个紧邻值只有为不同的类别，其中间点才可能是最佳划分叶节点，这在 VFDTc 中并没有得到应用。

5.3.3 连续属性区间剪枝

连续属性处理的一个主要的问题就是备选划分叶节点的数目过多，因此选择最佳划分叶节点就非常耗费计算资源。针对 VFDT 只适用于离散属性的问题，Jin 等提出了一种连续区间剪枝方法（NIP），该方法能够在不降低分类精度的情况下，明显减少连续属性的处理时间。

NIP 的基本思想是将连续属性值划分为多个不同的区间，然后利用统计测试对这些区间进行剪枝。整个过程中，每个区间或者被剪枝，或者保持其

完整性。如果某个区间不可能包含连续属性的最佳划分叶节点，则对该区间进行剪枝，否则就将其作为完整区间。NIP 决策树为了计算连续属性的最佳划分叶节点，为每个叶节点保存下列数据集合。

小类别直方图（Small Class Histograms）：主要由离散属性的类别直方图构成。由于离散属性的取值数量不会太多，因此每个离散属性的类别直方图都不会太大。此外，对那些属性值数量小于指定值的连续属性，也会维持一个该类型的直方图。

精确类别直方图（Concise Class Histograms）：对具有大量不同取值的连续属性，将其属性值划分成多个区间。对每一个连续属性值区间，精确类别直方图用于记录该区间内样本在各个类别上出现的次数。

详细信息（Detailed Information）：根据其效率的不同，详细信息分为两类。第一类是区间的样本数目直方图，当样本数量很多，而连续属性的取值相对较小时，该类型的详细信息效率更高；第二类只是简单地保存了每个类别的样本数目，而无须处理被剪枝掉区间内的详细信息以获取连续属性的最佳划分叶节点。该类型的详细信息由于没有被剪枝区间内的详细信息，因此可以在不降低分类精度的情况下减少运算时间。

与 VFDT 利用 Hoeffding 不等式减少所处理样本数量不同的是，NIP 决策树通过利用信息增益函数的特性减少获取相近精度所需的样本数目，同时其结果独立于输入样本数据的分布。

NIP 决策树使用多元三角形理论的方法减少所需处理样本的数目。其中，$E(x)$ 为变量 x 的期望；$Cov(x,y)$ 为变量 x 和 y 的协方差；$N(0,r^2)$ 为正态分布。

设 $X_1,\cdots,X_n$ 为一个随机样本，$X_i = X_{1i},\cdots,X_{pi}$，令 $E(X_{ij}) = \mu_i$，$Cov(X_{ij}, X_{jk}) = \sigma_{ij}$。$X_1,\cdots,X_n$ 的平均值为 $\overline{X_i}$，$\vec{u} = (u_1,\cdots,u_p)$。对于一阶连续偏导函数 g，有 $g(X_1,\cdots,X_p) - g(\vec{u}) \to N(0, \gamma^2/n)$，其中：

$$\gamma^2 = \sum\sum \sigma_{ij} \frac{\partial g(\vec{u})}{\partial u_i} \cdot \frac{\partial g(\vec{u})}{\partial u_j}$$

假设 X_a 和 X_b 分别是评估函数取值前两位的属性，令 $\varepsilon = \overline{H}(X_a) - \overline{H}(X_b)$，对于离散属性，如果分类精度取 α，则需要的样本数目为 $N_n = (\theta_1,\cdots,\theta_i,\gamma)$；而 VFDT 算法需要的样本数目是 N_h，其中：

$$N_h = \frac{R^2 \ln[1/(1-\alpha)]}{2\varepsilon^2}$$

有关文献已经证明 $N_n \leq N_h$。

5.3.4 增量模糊决策树

增量模糊决策树（Incremental Fuzzy Decision Trees，IFDT）是由 Guetova 等提出的一种增量式模糊决策树数据流分类方法。它综合了决策树和模糊逻辑的优点，同时它是增量式的，很好地满足了数据流分类的要求。它生成决策树，这就很好地利用了决策树的特点；它使用模糊逻辑，这非常符合人们日常的思维习惯；它是增量式的，这为分类器提供了学习新数据的能力。它综合了模糊决策树的决策能力和决策树在经典逻辑下的增量算法，并且能够和非增量算法产生相同的结果。

假设训练集为 L，为构造一个模糊决策树用以分类样本。类似 ID3，Janikov 描述了构造模糊决策树的过程。其主要思想是根据评估函数递归地划分训练样本的模糊集合，直到剩下的部分满足剪枝条件（如大部分是同一类别，或者样本数目很少可以忽略）。如果满足剪枝条件，则该叶节点上保存一个表示 L 中类分布的模糊集合 γ。

在模糊逻辑中，对样本集合进行划分，并不一定每个样本只出现在一个划分中。如 $\lambda = \{(e_1,0),(e_2,1),(e_3,1)\}$，根据某一属性进行划分，则产生下面的结果：

$$\lambda \cap \mu_t = \{(e_1,0),(e_2,0.6),(e_3,0.8)\}$$
$$\lambda \cap \overline{\mu}_t = \{(e_1,0),(e_2,0.4),(e_3,0.2)\}$$

训练完成后，对于测试样本，用于计算类别的公式为：

$$\text{CLASSIFY}(e) = \sum_{\text{path}(\theta_1,\cdots,\theta_i,\gamma)} T(\theta_1(e),\cdots,\theta_i(e)) \cdot \gamma$$

式中，$\theta_1,\cdots,\theta_i$ 为路径上的各个测试；γ 为叶节点类分布的模糊集。

假设由训练集 λ 产生决策树 t，根据新的训练集 λ'（$\lambda \subset \lambda'$）产生决策树 t'。比较 t 和 t'，可能叶节点的分布函数会发生改变，也可能树结构会发生改变。有文献对这两个问题分开处理。一种方法是将那些不再满足剪枝条件的叶节点变为子树；另一种方法是根据新的样本修改叶节点的类分布。

算法用四个递归过程修改模糊树结构。首先，利用 ADDEXAMPLE 在不改变树结构的情况下将那些不满足剪枝条件的叶节点变为子树，同时修改叶节点的类分布；其次，利用 OPTIMIZE 检查是否需要改变树结构，如果需要则对树结构进行修改；再次，使用 TRANSPOSE 交换子树节点；最后，用 CLASSIFY 估计未知样本的分类。

5.3.5 可伸缩分类决策树框架

可伸缩分类决策树框架（FLORA）是一种窗体调整法（Window Adjustment Heuristic，WAH），由 Widmer 等人提出，开始用于粗糙集法，后来 Maloof 将其运用在决策规则上。

Widmer 研究了存在概念漂移情况下的一系列增量式学习算法。其表示框架 FLORA 将肯定样本、否定样本和噪声样本分别保存在独立的集合中。其中算法 FLORA2 维持一个最近训练样本集合的动态调整窗体。当由于分类精度下降或者集合中样本数目增加而可能出现概念漂移时，系统将通过丢弃后面数据使窗体尺寸下降。当概念稳定时，窗体尺寸将保持不变。只要概念漂移不是确定发生的，FLORA 就不会丢弃样本，只是不断增加窗体大小。FLORA3 主要用于处理概念重复出现的情形。当概念重复出现时，如果再从样本中重新学习概念显然是种浪费，在这种情况下最好能够把老概念加以保留备以后使用。FLORA3 和 FLORA2 相似，只不过在概念漂移要发生时，系统首先检查老的概念描述是否有能够描述当前窗体里的样本。FLORA4 通过连续观察概念集合中每个描述的预测精度处理噪声数据。FLORA4 的健壮性主要是因为它集成了两种学习策略：用于区分可信描述和不可信描述的统计标准使其能有效处理噪声数据；通过调整窗体大小丢弃过期信息的策略使其能够快速判断新出现的概念。由于 FLORA 算法每次只能处理一个样本，所以它对数据到达的速度是有限制的。

WAH 主要考虑对当前分类器的评估情况，如分类精度是否下降或决策规则包含的正负例数量是否变动等，然后根据评估情况适时调整窗体大小。当新样本到达后，如果可能有概念漂移发生，则将减少 20% 的窗体大小。相反，当概念趋于稳定时，就减去一个单位的窗体大小，以避免在窗体中保留过多不必要的样本。当概念足够稳定时就维持当前窗体大小。

WAH 虽然可以依据实际情况处理概念漂移问题，但该方法只适用于小规模数据而不适用于数据流挖掘。

5.3.6 概念漂移适变快速分类决策树

Hulten 等扩展了 VFDT，我们在 VFDT 的基础上，针对其数据流稳态分布假设的缺点，设计并实现了解决数据流挖掘中概念漂移问题的概念漂移适变快速分类决策树方法（CVFDT）。CVFDT 在训练样本上维持一个滑动窗体，滑动窗体里只包含固定数量的样本，当新的样本进入滑动窗体时，某些旧的样本就必须从滑动窗体移出，并随时监督滑动窗体内样本对当前决策树分类正确性的影响。CVFDT 在决策树的每个节点都记录统计量 n_{ijk}（其中 i 代表属性，j 代表属性值，k 代表类别），该统计量表示每个属性的子集对应到各个类别的训练样本数量。当新的样本进入滑动窗体时，就增加相应节点上 n_{ijk} 的计数，当样本从滑动窗体移出时就减少相应的 n_{ijk} 计数。

各个节点的 n_{ijk} 计数会影响测试属性的选择，当数据流发生概念漂移时，原本已经在决策树节点上的属性可能不再是最佳的测试属性，因此必须重新选择测试属性。CVFDT 在可能会产生概念漂移时重新寻找最佳测试属性，新的属性不直接取代原有的测试属性，而是成为一个替代子树的根节点，并且依据该根节点建立替代子树。如果后继滑动窗体的样本在替代子树上有较高的分类精度，则替代子树便取代原先的决策树，以维持滑动窗体的样本和更新后的决策树的一致性。

每当有新样本到达时，就把 VFDT 应用到滑动窗体上，CVFDT 通过不断地把 VFDT 应用到固定大小的滑动窗体上从不断变化的数据流中生成决策树。这样就解决了概念漂移所导致的预测性能下降的问题。

Wang 等提出了一种利用加权的多个分类器挖掘概念漂移数据流的方法。系统首先从数据流中训练几个分类器（如 C4.5、RIPPER 和贝叶斯等），同时根据测试数据集上的分类精度期望进行加权。组合方法既提高了学习模型的效率，也提高了分类精度。

传统的数据挖掘算法在处理数据流时面临两大挑战：无限的数据流数据和概念漂移。传统的处理大数据样本的方法需要多遍扫描，显然不能处理数据流；增量算法通过不断处理来自数据流的新样本修正模型，同时又不断将老样本的影响以一定的速率删除而加以改进，从而解决概念漂移问题。对于增量式分类器，这些方法必须放弃原先的树重新生成子树，或者在节点上建立备选子树。最终的算法往往非常复杂，因此必须研究有效的学习方法以应对无限、带概念漂移的数据流。除了这个问题，增量式方法的预测精度也是很重要的问题，由于老的样本以固定速率丢弃，所学习到的模型只是反映前面很小部分数据的特性，这通常会导致很大的预测误差。

组合分类器方法在数据流挖掘领域越来越受到重视。创建组合分类器的流行方法大多是通过改变训练样本集合进行的，包括有装袋、推进和涂改等。

相对单一分类器,组合分类器有几个好处:第一,组合分类器很好地提高了预测的精度;第二,由于大部分分类器的建立复杂度都是非线性的,因此建立组合分类器比建立单一的分类器要高效得多;第三,组合分类器本身就可以使其能够并行扩展和在线分类大数据库。

5.4 快速分类决策树

理想情况下,增量式分类器应该能够随着情报数据的持续到达不断对其在线处理,在计算资源有限的前提下不丢失任何潜在的有用信息,并且能够对新增数据不断修正以符合当前数据样本。Domingos 等设计和验证了一个适用于数据流环境的半自动化增量学习框架 VFML。该框架利用 Hoeffding 不等式限制每步所处理的数据量,同时保证通过有限数据学习到的模型和通过无限数据学习到的模型并无明显差异。该框架的适用范围很广。

(1)对所有基于离散搜索方法的学习算法都有效。离散搜索方法在每一步都根据某种评估指标从多个备选模型或模型组成成分中进行选择。

(2)对包括贪婪算法、爬山算法、前瞻算法、最佳优先和遗传算法等搜索算法都适用。

(3)对决策树算法、规则归纳算法、基于样本的学习算法、属性选择、模型选择、参数设置、概率分类和聚类、概率估计及这些算法的组合算法都适用。

在 VFML 基础上,针对情报大数据实时、海量、多源、异构的特点,我们提出了大数据情报信息快速分类决策树方法(iVFDT)。

5.4.1 快速分类决策树框架

假设有一个无限的独立同分布的情报信息数据流样本,给定两个分类器 A 和 B,如何判断哪个分类器在情报信息数据流上更精确?如果要对该问题做出完全精确的判断,则只能利用两个分类器对所有样本逐一进行分类验证,因此所花费的时间也是无限的。但是如果把选择错误分类器的概率限定在 δ 之内,就可以利用统计学中关于变量的置信区间的方法在有限的时间内做出正确的判断。其中一个统计学结果就是 Hoeffding 界限或称附加 Chernoff 界限。假设变量 r 取值范围为 R,观测 n 个样本后,样本观测平均值为 $\bar{r}$,

则样本真值以置信度 $1-\delta$ 落于 $\bar{r} \pm \varepsilon$ 区间内,其中 $\varepsilon = \sqrt{\dfrac{R^2 \ln(1/\delta)}{2n}}$。

假设 r 是两个分类器在情报信息数据流前 n 个样本上的分类精度差,并且不失一般性地假设其为正。那么,如果 $r > \varepsilon$,则 Hoeffding 界限保证在前 n 个样本上分类精度高的分类器在无穷样本上分类精度也高的概率大于 $1-\delta$。也就是说,为了获取错误概率小于 δ 的分类器,只要观察足够数量的样本使得条件 $\varepsilon < r$ 能够成立即可。

该过程唯一不能在有限时间内做出正确选择的情形就是两个分类器具有几乎相同的分类精度,但在这种情况下即使样本数量很多也是无法对两个分类器做出选择的。对于这种情况,由于两个分类器分类精度几乎相同,可以对两个分类器不做区分,任意选择其一即可。假设分类器分类精度差别小于 τ 时对两个分类器就不加区别的话,那么上述判断过程停止时需要的样本最多为:$n = \left\lceil \dfrac{1}{2}(R/\tau)^2 \ln(1/\delta) \right\rceil$。因此,对两个分类器进行选择的时间耗费是有上限的,并且独立于情报信息数据流的样本大小。

如果不是两个分类器,而是从 b 个分类器中选择最佳的一个,为了得到正确的判断,就需要最佳分类器和其他分类器之间的 $b-1$ 个比较都满足上述条件。如果这些判断的错误概率最大为 δ,那么全局判断的错误概率最大为 $(b-1)\delta$。因此,如果以最大错误概率为 δ^* 选择最佳分类器,则只要令界限函数 $f(n, \delta, s)$ 中的 δ 满足 $\delta = \delta^*/(b-1)$ 即可。同样,从 b 个分类器中选择 a 个需要进行 $a(b-a)$ 次比较,如果想使全局最大错误概率为 δ,那么每个比较的最大的错误概率为 $\delta^*/[a(b-a)]$。

进一步假设需要通过一个包含 d 步的过程选取最佳分类器,每一步都是从 b 个分类器中选取 a 个。为了使搜索过程利用有限数据和利用无限数据生成相同的分类器的概率不低于 $1-\delta^*$,在每步比较中需要满足 $\delta = \delta^*/[da(b-a)]$。因此,在每步搜索中,需要用 n_i 个样本使得 $\varepsilon_i = f(n_i, \delta^*/[da(b-a)], s) < r_i$,其中 r_i 是在搜索过程的第 i 步已有 n_i 个样本的情况下第 a 个和第 $a+1$ 个最佳分类器之间的精度差。例如,一个深度为 d、宽度为 b 的爬山搜索算法应该满足 $\delta = \delta^*/db$。该结论独立于每步搜索中产生备选分类器的过程,同时也独立于所采用的搜索步骤。

通常,无法事先知道第 i 个搜索步骤中为满足 $\varepsilon_i < r_i$ 所需要的样本数,一般可以通过考察情报信息数据流中 Δn 个样本是否满足需要进行判断。界

限函数的逆函数为 $f^{-1}(\varepsilon,\delta,s)$，为了达到 ε 和 δ 所需要的样本数目为 n（对于 Hoeffding 界限，$n = \left\lceil \frac{1}{2}(R/\varepsilon)^2 \ln(1/\delta) \right\rceil$）。$\tau$ 为一个阈值，如果两个分类器的精度差小于该阈值，则不再区分这两个分类器。那么，在每个搜索步骤中，最多只需要 $c = \left\lceil f^{-1}(\tau,\delta,s)/\Delta n \right\rceil$ 次目标检查。由于在每个搜索步骤中都可能存在选择错误（如选择了错误的最佳分类器），因此需要在每步搜索中用足够的 n_i 个样本满足：$\varepsilon_i = f(n_i, \delta^*/[cda(b-a)], s) < r_i$。

该过程在评估函数能够分解应用于所有训练样本时是适用的，并且它在每个训练样本的贡献度都是训练样本所有属性的平均（或和）的函数时也是适用的。例如，当评估函数采用熵时，由于熵值主要是由样本类别和相关样本的类分布决定的，所以它是适用的。利用评估函数计算 r_i 的精确值需要知道每个数据贡献的平均值，这需要访问所有的数据才能获得。可以通过函数 $f(\cdot)$ 限定这些贡献，从而以较高的置信度获得每个分类器的上限和下限，并且在每个搜索步骤中用足够的样本使第 a 个分类器的下限高于第 $a+1$ 个分类器的上限。假设两个分类器界限之间的差为 r_i^-，q 为函数 $f(\cdot)$ 计算评估函数界限所需要的最大的样本数量，则在每个搜索步骤 i 需要 n_i 个样本使下式成立：$\varepsilon_i = f(n_i, \delta^*/[cda(b-a)q], s) < r_i^-$。iVFDT 基础框架及其 SelectCandidates 过程如图 5-2 和图 5-3 所示。

Given:
An iid sample $T = \{X_1, X_2, \cdots, X_{|T|}\}$.
A real-valued evaluation function $E(M, x, T)$ to be maximized, where M is a model (or model component), x is an example, $E(M, x, T)^-$ and $E(M, x, T)^+$ are respectively high-confidence lower and upper bounds on $E(M, x, T, \delta)$, and q is the maximum number of applications of f needed to compute $E()^+$ and $E()^-$.
A learning algorithm L that finds a model by performing at most d search steps, at each step considering at most b candidates and selecting the a with highest $\overline{E}(M,T) = \frac{1}{|T|}\sum_{x\in T} E(M, x, T)$.
A desired maximum error probability δ^*.
A threshold of indifference τ.
A bound function $f(\varepsilon, \delta, s)$.
A block size Δn.
Modify L, yielding L^*, by at each step replacing the selection of the a candidates with highest $\overline{E}(M,T)$ with a call to SelectCandidates(M), where M is the set of candidates at that step.

图 5-2 iVFDT 基础框架

```
Procedure SelectCandidates(M)
Let n = 0.
Repeat
    If n + Δn > |T| then let n` = |T|.
    Else let n` = n + Δn.
    For each M ∈ M
        Let ∑(M)⁻ = ∑ᵢ₌₁ⁿ E(M, Xᵢ, {X₁, X₂, ···, Xₙ}, δ*/[cda(b−a)q])⁻.
        Let ∑(M)⁺ = ∑ᵢ₌₁ⁿ E(M, Xᵢ, {X₁, X₂, ···, Xₙ}, δ*/[cda(b−a)q])⁺.
        Let E̅(M, T`)⁻ = ∑(M)⁻ / n`.
        Let E̅(M, T`)⁺ = ∑(M)⁺ / n`.
    Let M` = {M ∈ M : M has one of the a highest E̅(M, T`)⁻ in M}
    n = n`.
            [∀(Mᵢ ∈ M`, Mⱼ ∈ M − M`)]
    Until f(n, δ*/[cda(b−a)q], s) < E(Mᵢ, T`) − E(Mⱼ, T`)⁺
       or f(n, δ*/[cda(b−a)q], s) < τ or n = |T|.
Return M`.
```

图 5-3 iVFDT 基础框架的 SelectCandidates 过程

5.4.2 分类精度

iVFDT 基础框架通过有限样本抽样解决了情报信息数据流的实时处理问题，同时需要从理论上证明通过有限样本学习所获取分类器与通过无限样本学习所获取分类器具有相似的精度，定理 5.1 对此给予了回答，下面给出定理 5.1 的理论证明。

假设：t_{Gen} 为 L^* 产生所有备选集合的时间耗费，t_{Sel} 为从备选集合进行选择的时间耗费，L^∞ 是一个时间耗费为 $|T| = \infty$ 的决策树学习算法，U 为 SelectCandidates(M) 的循环过程的第一个停止条件。

定理 5.1 假设 $t_{Sel} > t_{Gen}$，且 $|T| > c\Delta n$，学习算法 L^* 的时间复杂度为 $O(db(a+c\delta n))$。在 U 满足的情况下，L^* 和 L^∞ 选择相同备选分类器的概率至少为 $1-\delta^*$。如果 U 在所有步骤都满足，则 L^* 和 L^∞ 返回相同分类器的概率至少为 $1-\delta^*$。

c 是每步搜索中调用 SelectCandidates 过程的最大次数，如果比较次数超过 c，就会出现平局现象从而结束选择过程。c 中的每个调用在从 b 个备选分类器中进行选择时最多需要 Δn 个样本，全部的搜索需要 d 步。在达到阈值 τ 或者全部情报信息数据流已经用完而条件 U 并不满足的情况下会触发平局过程。所有的决策在没有平局的情况下和用无穷数据所产生的决策相同的概率为 $1-\delta^*$。如果所有的搜索步骤中都没有平局发生，则最终的分类器和用无穷数据所产生的分类器相同的概率也为 $1-\delta^*$。当每步选择通过 Δn 个样

本就能获取时，算法 L^* 需要的最少步骤是 bd 步。当决策更加复杂时需要更多的样本，但样本数目不会超过 $c\Delta n$。换句话说，算法的执行时间是独立于情报信息数据流大小的，而与学习过程的决策复杂度相关。

SelectCandidates($\mathcal{M}$)在处理完开始的 Δn 样本之后就是一个即时过程，它能够根据已处理的数据返回最佳的 a 个备选分类器。如果学习算法的后继搜索步骤不断修正模型，则 L^* 算法本身也是一个即时过程。

该方法对情报数据库和情报信息数据流都是适用的。对于情报数据库，在获取了全部数据之后就开始扫描，并且保证任何一个搜索步骤都不会扫描同一个样本超过两次。对于情报信息数据流，在某一步做出选择之后就连续单遍扫描情报数据流，并且在下一步中用新的样本进行选择，如此循环直到最后停止。如果在处理情报信息数据流时数据到达速度低于算法处理速度，就可以将数据进行缓存用于以后重用。

对于情报信息数据流，还可以在每一步中选择一个最大化的错误概率 δ，然后计算全局错误概率 $\delta^* = \sum_{i=1}^{d} c_i a_i (b_i - a_i) q_i$，其中 c_i 为步骤 i 中目标检测的次数，b_i 是该步骤中备选分类器数，a_i 是选择分类器数，q_i 为评估函数所需界限数。

从备选分类器集合去除那些明显不会被选择的分类器能够节约更多的时间，例如，当 $\forall M_i \in \overline{E}(M_c, T`)^+ + f(n, \delta^* / [cda(b-a)a], s < E(M_i, T`)^-$ 满足时就可以去除备选分配器 M_c。

iVFDT 最主要的性质就是利用有限样本所生成的决策树和用全部样本所生成的决策树的分类精度是非常接近的。换句话说，iVFDT 在能实时处理情报信息数据流的同时还能够保证分类器的精度。iVFDT 通用基础框架的界限可以直接应用在情报信息数据流处理上，但是针对分类决策树的特点可以使用更好的界限。首先定义分类决策树之间的区别，假设 $P(x)$ 是属性（或者是样本）x 被处理的概率，$I(\cdot)$ 为指示函数。

外延区别：分类决策树 DT_1 和 DT_2 之间的外延区别，是指对同一个样本两个分类决策树给出不同分类结果的概率：

$$\Delta_e(DT_1, DT_2) = \sum_x P(x) I[DT_1(x) \neq DT_2(x)]$$

基于外延区别，对于两个分类决策树，如果中间决策节点采用不同的测试属性，则它们是不同的；如果叶节点给出不同的分类结果，则它们是不同的；叶节点和中间决策节点是不同的；对于分类决策树中的决策路径，如果

其长度不同或至少在一个节点上不同,则它们是不同的。

内涵区别:分类决策树 DT_1 和 DT_2 之间的内涵区别,是指对同一个样本两个分类决策树沿不同决策路径给出分类结果的概率:

$$\Delta_i(DT_1, DT_2) = \sum_x P(x) I[Path_1(x) \neq Path_2(x)]$$

式中,$Path_i(x)(i=1,2)$ 是分类决策树 $DT_i(i=1,2)$ 对样本 x 进行分类的决策路径。

两个分类决策树内涵相同当且仅当它们对同一样本的分类过程完全相同:样本判断所经过的节点序列是相同的,并且最终的分类结果也是一样的。内涵区别比外延区别的条件更强,因此有 $\forall_{DT_1,DT_2} \Delta_i(DT_1, DT_2) \geq \Delta_e(DT_1, DT_2)$。

假设样本到达分类决策树第 l 层一个叶节点的概率为 p_l。简化起见,假设该概率是个常数,$\forall_l p_l = p$,其中 p 称为叶节点概率。假设 $VFDT_\delta$ 为 iVFDT 在给定概率 δ 和情报信息数据流 S 情况下生成的分类决策树,而 DT_* 为用无穷样本生成的分类决策树,$E[\Delta_i(VFDT_\delta, DT_*)]$ 是 $\Delta_i(VFDT_\delta, DT_*)$ 的数学期望,那么有以下定理成立。

定理 5.2 假设 $VFDT_\delta$ 为 iVFDT 在给定概率 δ 和情报信息数据流 S 情况下生成的分类决策树,DT_* 为用无穷样本生成的分类决策树,p 是叶节点概率,那么有 $E[\Delta_i(VFDT_\delta, DT_*)] \leq \delta/p$。

证明: 简单起见,把内涵区别简称为区别。假设样本 x 在 $VFDT_\delta$ 上的分类结果为第 l_v 层的某个叶节点,在 DT_* 上的分类结果为第 l_d 层的某个叶节点。取 $l = \min\{l_h, l_d\}$,x 沿分类决策树 $VFDT_\delta$ 到第 l 层的路径为 $Path_V(x) = (N_1^V(x), N_2^V(x), \cdots, N_l^V(x))$,其中 $N_i^V(x)$ 为 x 经过 $VFDT_\delta$ 的第 i 层的节点,x 经过 DT_* 的决策路径记为 $Path_D(x)$。如果 $l = l_h$ 成立则 $N_l^V(x)$ 就是产生分类结果的叶节点,如果 $l = l_d$ 成立则 $N_l^D(x)$ 也是叶节点。I_i 表示命题"直到第 i 层 $Path_V(x) = Path_D(x)$ 都成立",有 $I_0 = \text{True}$。其中,如果 $P(N_l H(x) \neq N_l D(x) | I_{l-1})$ 成立,则 $P(l_v \neq l_d)$ 一定成立,这是因为如果两条路径长度不同,则必然会有其中一个子树的叶节点对应另一子树的中间决策节点。

$$P(Path_V(x) \neq Path_D(x))$$
$$= P(N_1^V \neq N_1^D \vee N_2^V \neq N_2^D \vee \cdots \vee N_l^V \neq N_l^D)$$
$$= P(N_1^V \neq N_1^D | I_0) + P(N_2^V \neq N_2^D | I_1) + \cdots + P(N_l^V \neq N_l^D | I_{l-1})$$
$$\sum_{i=1}^{l} P(N_i^V \neq N_i^D | I_{i-1}) \leq \sum_{i=1}^{l} \delta = \delta_l$$

假设 $VFDT_\delta(S)$ 是根据 S 产生的 iVFDT 分类决策树。$E[\Delta_i(VFDT_\delta, DT_*)]$

是样本在 VFDT$_\delta$(S) 和 DT$_*$ 沿不同路径进行分类的概率的平均值，则有：

$$E[\Delta_i(\text{VFDT}_\delta, \text{DT}_*)]$$
$$= \sum_S P(S) \sum_x P(x) I[\text{Path}_V(x) \neq \text{Path}_D(x)]$$
$$= \sum_x P(x) P[\text{Path}_V(x) \neq \text{Path}_D(x)]$$
$$= \sum_{i=1}^{\infty} \sum_{x \in L_i} P(x) P[\text{Path}_V(x) \neq \text{Path}_D(x)]$$

其中 L_i 是进入 DT$_*$ 第 i 层叶节点的样本集合，样本在 VFDT$_\delta$(S) 和 DT$_*$ 上沿不同路径进行分类的最大概率为 δ_i。因此有：

$$E[\Delta_i(\text{VFDT}_\delta, \text{DT}_*)] \leq \sum_{i=1}^{\infty} \sum_{x \in L_i} P(x)(\delta_i) = \sum_{i=1}^{\infty} (\delta_i) \sum_{x \in L_i} P(x)$$

$\sum_{x \in L_i} P(x)$ 是样本 x 进入分类决策树 DT$_*$ 第 i 层叶节点的概率，则有 $\sum_{x \in L_i} P(x) = (1-p)^{i-1}$（其中 p 为叶节点概率）。因此有结论：

$$E[\Delta_i(\text{VFDT}_\delta, \text{DT}_*)]$$
$$\leq \sum_{i=1}^{\infty} (\delta_i)(1-p)^{i-1} p = \delta p \sum_{i=1}^{\infty} i(1-p)^{i-1}$$
$$= \delta p \left[\sum_{i=1}^{\infty} (1-p)^{i-1} + \sum_{i=2}^{\infty} (1-p)^{i-1} + \cdots + \sum_{i=k}^{\infty} (1-p)^{i-1} + \cdots \right]$$
$$= \delta p \left[\frac{1}{p} + \frac{1-p}{p} + \cdots + \frac{(1-p)^{k-1}}{p} + \cdots \right]$$
$$= \delta [1 + (1-p) + \cdots + (1-p)^{k-1} + \cdots] = \delta \sum_{i=0}^{\infty} (1-p)^i = \frac{\delta}{p}$$

定理 5.2 有两个重要推论：一是 VFDT$_\delta$ 和 DT$_*$ 的最大外延区别为 δ/p，二是用无穷样本生成的分类决策树存在一棵子树和 iVFDT 基础框架用有限样本生成的分类决策树之间区别的最大期望值为 δ/p。因此，在 δ/p 很小的情况下，用有限样本学习到的分类决策树和用无穷样本学习到的决策树的子树非常相似，即二者分类精度几乎相同。

5.4.3 决策树生成过程

iVFDT 是一种基于 Hoeffding 不等式针对情报数据流建立分类决策树的方法，它通过不断地将叶节点替换为决策节点而生成决策树。其中每个叶节点都保存关于属性值的统计信息，这些统计信息用于计算基于属性值的信息增益测试。当一个新样本到达后，在沿着决策树从上到下遍历的过程中，它

在树的每个分支节点都进行判断，根据属性值的不同进入不同的分支，最终到达树的叶节点。当数据到达叶节点后，节点上的统计信息就被更新，同时该节点基于属性值的统计测试就被重新计算。如果统计信息计算显示测试满足一定的条件，则该叶节点变为决策节点。新的分支节点根据属性的可能取值的数目产生相应数目的子女节点。决策节点只保存该节点的划分测试所需要的信息。

iVFDT 的统计测试评估函数使用信息增益函数（也可以选用其他的评估函数），记为 $H(\cdot)$。对于离散值属性，每个叶节点保存的统计信息是 n_{ijk}（表示该节点上属性 j 的取值为 i 的类别为 k 的样本数目）。信息增益用于表达计算分类到达该节点的样本所需要的信息，其计算公式为 $H(A_j) = \text{info}(\text{examples}) - \text{info}(A_j)$，属性 j 的熵为：

$$\text{info}(A_j) = \sum_i P_i [\sum_k -P_{ik} \log_2(P_{ik})]$$

式中，$P_{ik} = \dfrac{n_{ijk}}{\sum_a n_{ajk}}$，表示在类别 k 已知的情况下属性值取为 i 的概率。

5.4.4 属性选择测度

iVFDT 采用最大信息增益（或称最大熵压缩）作为属性选择测度。假设 S 是 s 个样本的集合，样本分类类别有 m 个不同取值 $C_i (i=1,2,\cdots,m)$，s_i 是类别 C_i 中的样本数，则对一个给定样本进行分类所需的期望信息为 $I(s_1, s_2, \cdots, s_m) = -\sum_{i=1}^{m} p_i \log_2(p_i)$，其中 p_i 是任意样本分类结果为 C_i 的概率，可以用 s_i/s 估计。

设属性 A 具有 v 个不同取值 $\{a_1, a_2, \cdots, a_v\}$，用属性 A 可以将 S 划分为 v 个子集 $\{S_1, S_2, \cdots, S_v\}$；其中，$S_j$ 是 S 中属性 A 取值为 a_j 的样本集合。设 s_{ij} 是子集 S_j 中分类结果为 C_i 的样本数量，则由 A 划分成子集的熵为 $E(A) = \sum_{j=1}^{v} \dfrac{s_{1j} + \cdots + s_{mj}}{s} I(s_{1j}, \cdots, s_{mj})$，其中第 j 个子集的权为 $w_j = \dfrac{s_{1j} + \cdots + s_{mj}}{s}$。对于给定的子集 S_j，有 $I(s_{1j}, \cdots, s_{mj}) = -\sum_{i=1}^{m} p_{ij} \log_2(p_{ij})$，其中 $p_{ij} = \dfrac{s_{ij}}{|S_j|}$ 是 S_j 中的样本分类结果为 C_i 的概率。在 A 上进行划分所获得的信息增益是 $\text{Gain}(A) = I(s_1, s_2, \cdots, s_m) - E(A)$。

5.4.5 连续属性处理

对于连续属性，传统的分类决策树一般是对该属性采用形如 $X_i \leq T$（其中 X_i 是属性值，T 是一个划分节点阈值）的逻辑判断进行处理。对于每个连续属性，算法首先根据该属性的取值对训练样本进行排序，然后依次以相邻类别标号的样本取值的中间值为一个备选划分节点取值进行计算。但是该方法对于情报信息数据流并不适用，其主要原因是该方法需要在获取所有训练样本的取值并排序后才能计算出划分节点取值。

对于每个连续属性 i，iVFDT 维持一个线索化二叉排序树。树中的每个节点包括 keyValue、classTotals[k]、left 及 right 指针、prev 及 next 指针等几个属性。其中 keyValue 用于记录到达样本的连续属性 i 的取值；classTotals[k] 记录属性 i 取值为 keyValue、类别为 k 的样本数目；left 和 right 指针分别用于记录节点的左右孩子（基于小于 keyValue 的判断）；prev 和 next 指针分别用于记录节点的前驱和后继。iVFDT 连续属性处理结构如图 5-4 所示。

```
Typedef struct TBSTTreeNodeStruc{
    real keyValue;                          /*连续属性值*/
    int classTotals[k];                     /*样本各分类取值数目*/
    struct TBSTTreeNodeStruc  *left;        /*属性树的左子树指针*/
    struct TBSTTreeNodeStruc  *right;       /*属性树的右子树指针*/
    struct TBSTTreeNodeStruc  *prev;        /*属性树的前驱指针*/
    struct TBSTTreeNodeStruc  *next;        /*属性树的后继指针*/
}TBSTTreeNode
```

图 5-4 iVFDT 连续属性处理结构

5.4.6 连续属性样本增量插入

分类决策树构造的一个很重要的问题就是用于保存信息以获取最佳划分节点的开销非常大。离散属性的属性值一般都不会太大，因此其类别信息保存开销不会太大，同样备选划分节点也不会太多。

对于取值很多的连续属性，系统开销将会非常大，为解决该问题，在 iVFDT 中，每个 Hoeffding 树节点在变为叶节点前都在其上为每个连续属性维持一个线索化的排序二叉树。

在决策树的构造过程中，会根据划分的信息增益利用一个阈值 t 将连续属性 i 划分为 $atrr_i<t$ 和 $atrr_i>t$ 两部分，相应的 $atrr_i<t$ 为左节点，$atrr_i>t$ 为右节点。当有新样本 (x,k) 到达时，连续属性 i 所对应的属性树的更新过程即线

索化二叉排序树新样本增量插入过程如图 5-5 所示。

```
Procedure InsertValueTBSTree(x, k, TBSTree)
Begin
  while (TBSTree ->right != NULL ||TBSTree ->left != NULL )
    If (TBSTree ->keyValue = = x )   then  break;
    Elseif (TBSTree ->keyValue > x )  then
          TBSTree = TBSTree ->left;
  Else TBSTree= TBSTree ->right;
    Creates a new node curr based on x and k;
    If(TBSTree.keyValue==x) then TBSTree.classTotals[k]++;
    Elesif (TBSTree.keyValue > x)  then  TBSTree.left = curr;
    Else       TBSTree.right = curr;
  Threads the tree;
End
```

图 5-5　线索化二叉排序树新样本增量插入过程

5.4.7　连续属性的属性树线索化过程

新样本到达时，iVFDT 需要线索化属性树。如果新样本的取值和属性树中已存在的某个节点的取值相同，则属性树不需要重新线索化，只需要修改相应的统计信息即可，否则属性树需要重新线索化。新样本插入时的属性树线索化过程如图 5-6 所示。

```
Procedure TBSTthreads()
Begin
If (new node curr is left child of ptr)
    curr->next = ptr;
    curr->nextValue = ptr->keyValue;
    curr->prev = ptr->prev;
    ptr->prev->next = curr;
    prevPtr->nextValue = value;
    ptr->prev = curr;
If (new node curr is right child of ptr)
    curr->next = ptr->next;
    curr->nextValue = ptr->nextValue;
    curr->prev = ptr;
    ptr->next->prev = curr;
    ptr->nextValue = value;
    ptr->next = curr;
End
```

图 5-6　新样本插入时的属性树线索化过程

5.4.8　最佳划分节点选取

利用线索化二叉排序树的特性，iVFDT 使用了一个更有效的最佳划分节

点选取的方法。

假设某个决策树节点含有 n 个样本，连续属性 i 的样本不同取值为 $a_1, a_2, \cdots, a_n$，系统将为连续属性 i 维护一个线索化二叉排序属性树。相邻取值的中间节点 $T=(a_i+a_{i+1})/2$ 都可能是属性 i 的一个划分。Fayyad 等已经证明相邻取值只有在类别不相同的情况下才可能是最佳划分节点，这意味着如果 a_i 和 a_{i+1} 有相同的类别则其中间取值 T 不可能是最佳划分。为了计算划分节点的信息增益，需要知道样本取值 $attr_i < t$ 和 $attr_i > t$ 的类分布。决策树节点的属性值 TBSTree.classTotals[k]用于计算节点信息增益。

为了利用线索化二叉排序树的优点，iVFDT 为每个属性树维持一个 head 头节点。最佳划分节点选取过程如图 5-7 所示，从 head 节点开始遍历整个属性树就可以计算所有备选划分节点的信息增益。

```
Procedure  TBSTbestSplit(TBSTtreePtr ptr,int *belowPrev[])
Begin
  If ( ptr->next == NULL) then  break;
    for ( k = 0 ; k < count ; k++)
       *belowPrev[k] += ptr->classTotals[k];
    Calculates the  information gain using *belowPrev[];
    TBSTbestSplit(ptr->next,int *belowPrev[]);
End
```

图 5-7　最佳划分节点选取过程

第6章 大数据情报信息噪声数据处理技术

随着信息时代的来临,信息收集手段的不断发展,快速增长的海量数据被收集、存放在大型和大量的数据存储库和资料库中,甚至有些海量数据只能采取数据流处理的方式加以分析,而无法加以存储。如卫星、网络、媒体每天都在产生海量的数据,没有强有力的工具,单凭人工或传统的处理方式已经无法完全处理和利用这些数据中的信息。同时,大量的数据只是存储起来,并未得到有效使用,许多大型的数据存储库和资料库变成了"数据的坟墓"。

在军事情报领域也存在这样的问题。信息技术的高速发展使军事情报人员可以利用无所不在的侦察系统从全球陆地、海洋、天空、太空、网络和电磁空间中获取各类信息,涉及人文、地理、气候、敌我双方武器装备、编制体制、作战理论、兵力部署等诸多方面。然而在海量的数据信息中,很多信息是冗余的,甚至有的信息是完全无关的,对判断当前战场形势起不到任何帮助,这些信息我们称之为噪声。面对铺天盖地、瞬息万变的大数据情报信息,指挥员如果只凭借专业知识和作战经验,就很难从当前大量的战场信息中迅速、准确地获取有用的战场知识,最终会严重影响作战决策的形成。这就需要有一种基于计算机与信息技术的智能化知识获取工具来挖掘、提取隐藏在数据中的各类知识,数据挖掘技术就是解决该问题的一种行之有效的工具。

数据挖掘作为一种从大量数据中发现知识的有力工具,将其应用于情报分析领域,可以提升情报工作人员从大量情报数据中挖掘分析有价值的情报的能力。数据挖掘技术支撑的情报分析处理流程如图 6-1 所示。

由图 6-1 可知,对收集到的大量情报数据,首先要对数据进行清理,包括填补情报数据中的缺失值,忽略部分模糊信息,消除同一数据的不一致性

和噪声数据等。缺失值、噪声和不一致性都将导致情报信息的不准确。噪声数据的存在极大地影响情报分析处理的效率,还可能会导致情报分析的不准确。因此,去除噪声数据是情报数据分析处理的基础工作,也是非常重要的一项工作。

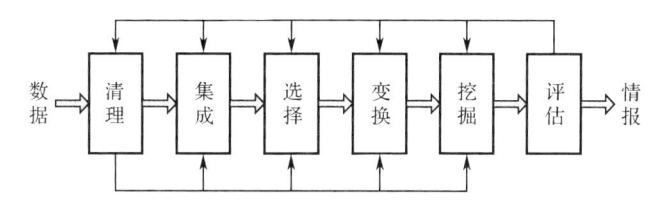

图 6-1 数据挖掘技术支撑的情报分析处理流程

情报数据中的噪声数据是无法避免的,并且表现形式也多种多样。有些噪声是数据性的,如在信号侦察中出现的噪声;有些噪声是文字性的,如一段文字中的无关叙述。噪声数据的基本处理思路是一样的,就是通过设定阈值进行关联分类从而屏蔽噪声。

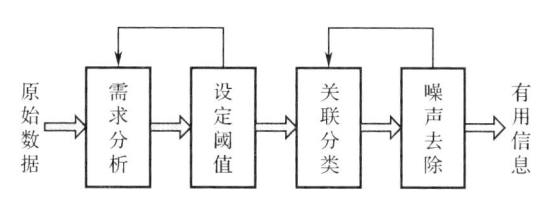

6.1 噪声数据处理流程

噪声数据处理流程如图 6-2 所示。

图 6-2 噪声数据处理流程

需求分析:针对情报用户的需求和情报分析的目的,对大量情报数据进行具体分析,确定情报提取的目标和方向,为设定阈值提供依据。

设定阈值:明确用户需求后,确定主干信息或关键字,设定一个合适的与其相关的程度作为阈值。

关联分类:数据关联规则是数据之间存在的一类重要的、可被发现的知识。关联分类的目的是找出庞大数据中隐藏的关联网,挖掘出隐藏在数据中的一些关联规则,这些关联规则既可以用于数据的分类,也能根据已知情况对未知问题进行推测。对噪声数据处理而言,就是要分析其他信息与主干信

息或关键字的关联程度,给出定量关联值,再将集中的数据分配到若干个不同关联范围的类中。

噪声去除:相关性低于阈值的情报数据可判定为噪声数据,将其屏蔽去除。

6.2 噪声数据处理算法基础理论

6.2.1 模糊理论基础

在经典集合论中,一个元素只能明确地属于或不属于某个集合,然而在现实世界中,很多事物的意义都是不确定的。例如,如果我们把老年人定义为年龄超过 60 岁,那么 59 岁就不是老年人了吗?也许我们会说 59 岁的人比较老了,那么这个"比较老"就隐含了不确定的意义。模糊理论中主要使用隶属度函数定义元素属于某个集合的程度。隶属度取值越大表明该元素属于该集合的程度越大。

模糊集合的形式定义如下:U 表示某一事物的全集,即该事物的全部组合或范围,A 是 U 的一个模糊子集,则对于 U 中的每个元素 x,可用一个隶属函数 $\mu_A(x)$ 表示元素 x 归属于模糊子集 A 的程度,$\mu_A(x)$ 为区间 [0,1] 上的实数值。

6.2.2 决策树构造中的连续属性处理

在决策树构造过程中,需要选取一个合适的阈值 T 将 A 分为两个区间 $A_1 = [\min(A), T]$ 和 $A_2 = (T, \max(A)]$。给定阈值后,测试 $A \leq T$ 赋给该决策节点的左子树,而 $A > T$ 赋给该决策节点的右子树。假设需要选取最佳阈值的连续属性的取值集合 S 共有 N 个元素,那么这些样本根据连续属性的取值排序后的结果为 $a_1, a_2, \cdots, a_N$,每两个相邻取值的中间值 $T' = (a_i + a_{i+1})/2$ 都是一个备选划分阈值。Fayyad 等已经证明只有分类边界点才可能为信息增益最大的划分节点,即如果 a_i 和 a_{i+1} 具有相同的类别,则其中间取值作为划分节点不可能具有最大信息增益,因此该节点也不可能是最佳划分节点。根据该理论可以产生更少的备选划分节点。

6.2.3 传统决策树和模糊决策树

图 6-3 显示了传统决策树和模糊决策树的区别。其中,图 6-3(a)为经

典的基于连续属性陡峭离散化的传统决策树，图 6-3（b）为基于连续属性平滑离散化的模糊决策树。在这两个决策树中，从根节点到叶节点的每条路径都形成一个潜在的分类规则。使用陡峭离散化，决策空间被划分为多个相互不叠加的子空间，如图 6-3（a）的右边部分，其中每个样本都被指定一个类别。相反，模糊决策树的决策结果是在[0,1]区间的一个匹配程度取值（如图 6-3（b）的右边部分）。模糊决策树为避免错误分类提供了一个更加健壮的方法。例如，对于样本（$x_1=81, x_2=25$），在图 6-3 中，通过传统决策树得到的分类结果为 c_3。但是假如该样本数据由于某种原因（如噪声）有了很小的变化，成为（$x_1=79, x_2=25$），传统决策树就会给出一个完全错误的结论 c_2。而模糊决策树则给出属于每个类别的可能性分别为 $\pi_1=0$，$\pi_2=0.52$，$\pi_3=0.48$。根据该结果，用户可以进行人工判断或采用去模糊化过程得到正确结果，从而降低错误分类率。

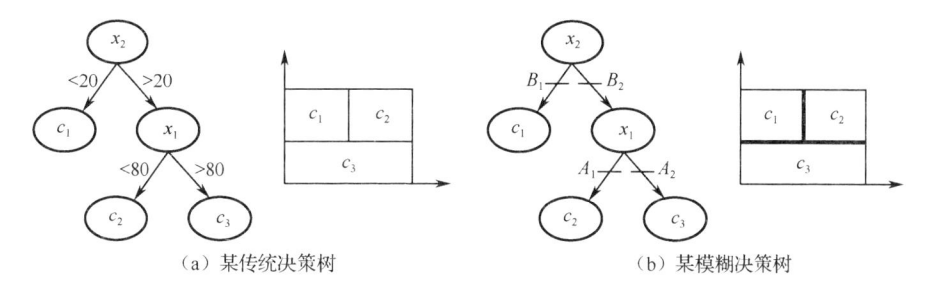

（a）某传统决策树　　　　　　　　　　（b）某模糊决策树

图 6-3　传统决策树和模糊决策树的区别

在经典的连续属性陡峭离散化的传统决策树分类过程中，当某一样本符合划分条件时，该决策树就会使其明确进入某一分枝，最后对应某一具体类别，即每个样本只能属于一个特定类别。而在平滑离散化的模糊决策树中，样本在某个划分节点可能同时进入多个不同的分枝，并有可能进入多个叶节点，最后利用去模糊化过程判定其类别归属。传统决策树和模糊决策树的分类过程分别如图 6-4 和图 6-5 所示。

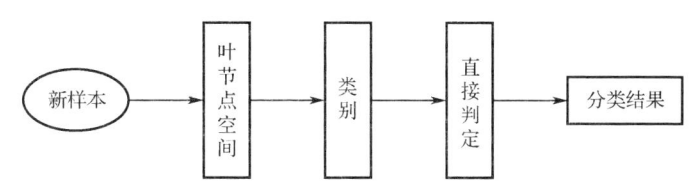

图 6-4　传统决策树分类过程

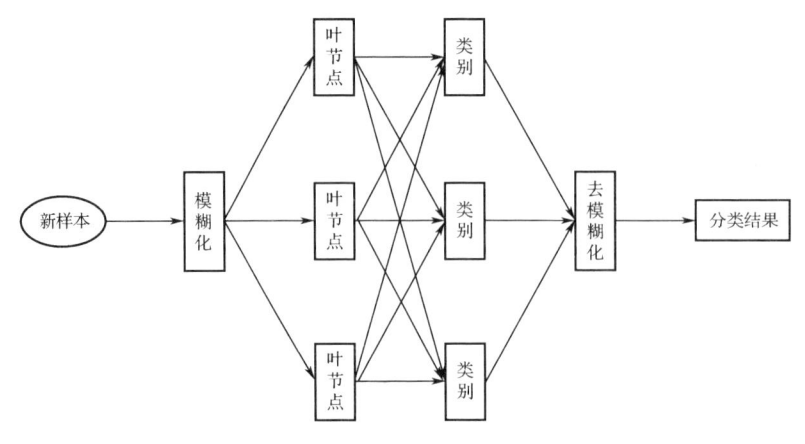

图 6-5　模糊决策树分类过程

6.2.4　基于连续属性平滑离散化的模糊决策树生成过程

平滑离散化可以看作陡峭离散化的一个扩展，基于经典概率论的分类信息测度也相应地扩展到基于模糊理论的分类信息测度。一个经典集合 A_c 的特征函数为 $A_c(a):\Omega \to \{0,1\}, a \in \Omega$，而模糊集合 A 的隶属度函数为 $A(a):\Omega \to [0,1], a \in \Omega$，隶属度函数 $A(a)$ 为模糊集合 A 取值为 $a \in \Omega$ 的可能性。Zadeh 将模糊集合 A 的概率定义为 $P_F(A) = \int_{\Omega} A(a) dP$，其中 dP 为 Ω 上的可能性测度。特别地，如果 A 定义在经典集合 $\Omega = \{a_1, a_2, \cdots, a_m\}$ 上，$P(a_i) = p_i$，那么模糊集合的概率就是 $P_F(A) = \sum_{i=1}^{m} A(a_i) p_i$。

假设 $Q = \{A_1, A_2, \cdots, A_k\}$ 是 Ω 上的一个集合。当有 $\sum_{r=1}^{k} A_r(a) = 1, \forall a \in \Omega$ 时，Q 就称作 Ω 的一个模糊划分。

如图 6-6 所示，陡峭离散化通过一个阈值进行离散化，而平滑离散化通过一个模糊划分进行离散化。和经典的不重叠的划分不同，平滑离散化是有叠加的。平滑离散化由三个参数（函数）定义，一个是交叉点 T，另外两个是模糊划分 A_1 和 A_2 的隶属度函数。交叉点 T 是由其是否能够最大化信息增益决定的，而模糊划分的隶属度函数则是由属性值本身（如属性的不确定性）确定的。通常，对于高非确定性的属性，其重叠区间将大一些。

样本集合 S 的模糊熵为：

$$E_F(S) = -\sum_{i=1}^{m} p(C_i, S) \log p(C_i, S)$$

其中：

$$p(C_i, S) = \sum_{a_j \in C_i} [A_1(a_j) + A_2(a_j)]$$

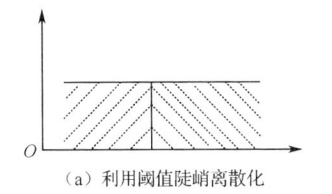

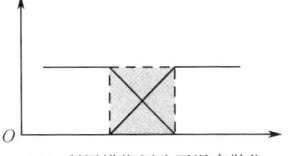

(a)利用阈值陡峭离散化   (b)利用模糊划分平滑离散化

图 6-6　陡峭离散化和平滑离散化的区别

由属性 A 进行平滑离散化,划分成多区间的模糊熵或期望信息为:

$$E_F(A) = \frac{N_F^{S_1}}{N_F^S} E_F(S_1) + \frac{N_F^{S_2}}{N_F^S} E_F(S_2)$$

其中:

$$E_F(S_1) = -\sum_{i=1}^m p(C_i, S_1) \log p(C_i, S_1)$$

$$E_F(S_2) = -\sum_{i=1}^m p(C_i, S_2) \log p(C_i, S_2)$$

$$p(C_i, S_k) = N_F^{S_k C_i} \Big/ N_F^{S_k}, k = 1, 2$$

$$N_F^S = \sum_{j=1}^{|S|} [A_1(a_j) + A_2(a_j)]$$

$$N_F^{S_1} = \sum_{j=1}^{|S|} A_1(a_j)$$

$$N_F^{S_2} = \sum_{j=1}^{|S|} A_2(a_j)$$

$$N_F^{S_k C_i} = \sum_{a_j \in C_i} A_k(a_j), k = 1, 2$$

模糊信息增益 $\text{Gain}_F(A) = E_F(S) - E_F(A)$。平滑离散化具体步骤如图 6-7 所示。

- 第一步:假设当前节点上有 N 个样本,属性 A 的取值排序后为 $a_1, a_2, \cdots, a_N$;
- 第二步:根据取值 $T=1(a_i+a_{i+1})/2$ 生成备选划分节点;
- 第三步:根据模糊划分 A_1 和 A_2 模糊化划分节点产生备选平滑离散化节点;
- 第四步:计算每个备选平滑离散化的信息增益;
- 第五步:选择属性 A 的熵值 E_F 最小的平滑离散化节点;
- 第六步:重复第一至第五步产生所有连续属性的平滑离散化节点;
- 第七步:选择所有连续属性中 $E_F(A, T, S)$ 最小的产生决策节点和相应的分枝;
- 第八步:计算两个分枝的置信度:

$$\eta_1 = \frac{N_F^{S_1}}{N_F^S}, \eta_2 = \frac{N_F^{S_2}}{N_F^S} \tag{1}$$

如果 $\eta_1 \leq \alpha$ 或 $\eta_2 \leq \alpha$,则删除相应的分枝。如果 $\eta_1 > \alpha$ 或 $\eta_2 > \alpha$,则计算分枝属于第 j 个类别的置信度:

$$\mu_{1j} = \frac{\sum_{a_i \in c_j} A_1(a_i)}{N_F^{S_1}}, \mu_{2j} = \frac{\sum_{a_i \in c_j} A_2(a_i)}{N_F^{S_2}} \tag{2}$$

如果 $\max_{j=1}^k(\mu_{1j}) \geq \beta$ 或 $\max_{j=1}^k(\mu_{2j}) \geq \beta$,则相应的分枝就变为叶节点,并且该叶节点的类别为 c_j。否则,集合 S 就划分为子集 S_1 和 S_2:

$$S_1 = \{s | A_1(a_i) \geq \lambda, a_i \in S\}, S_2 = \{s | A_2(a_i) \geq \lambda, a_i \in S\} \tag{3}$$

- 第九步:重复上述步骤直到公式(1)或(2)成立。

图 6-7　平滑离散化具体步骤

6.3 噪声数据增量模糊决策树算法实现

增量模糊决策树算法（IFVFDT）通过线索化二叉排序树或排序二叉树处理连续属性，可以提高情报数据分析速度；同时，改进了平滑离散化方法，结合线索化二叉排序树结构构造增量模糊决策树，有效解决了噪声数据问题。

1. IFVFDT 框架

IFVFDT 最主要的目的是在保持连续属性处理速度的同时提高算法的抗噪声能力，在处理离散属性时算法并没有进行改进，处理连续属性的算法框架如图 6-8 所示。

Inputs: D is a sequence of examples,
X is a set of numerical attributes,
$G(.)$ is a split evaluation function,
δ is one minus the desired probability of choosing the correct attributes at any given node.
Output: IFHT is a decision tree.
Procedure IFHT(D, X, G, δ)
  Let IFHT be a tree just with root r
  Let $X_1 = X \cup \{X_\emptyset\}$
  Let $\overline{G}_1(X_0)$ be the $\overline{G}_1$ obtained by predicting the most frequent class in D.
  For each numerical attribute $X_i \in X$ builds an empty threaded binary search tree $TBST_i$.
  For each example (x, c_k) in D
    Sort (x, c_k) into a leaf l using IFHT.
    Inserts the example values into each $TBST_i$ of leaf l using the inserting algorithm.
  Compute all of candidatesoft discretization points for each attribute X_i using its corresponding TBST attribute tree.
  Replace l by an internal decision node splits on the best split-point.
  Return IFHT

图 6-8 处理连续属性的算法框架

2. 属性树节点数据结构

对于每个连续属性 i，IFVFDT 维持一个线索化二叉排序树。树中的每个节点包括 keyValue、classTotals[k]、left 及 right 指针、prev 及 next 指针等几个属性。其中 keyValue 用于记录到达样本的属性 i 的取值；向量 classTotals[k] 记录属性 i 取值为 keyValue、类别为 k 的样本数目；left 和 right 指针分别用

于记录节点的左右孩子（基于小于 keyValue 的判断）；prev 和 next 指针分别用于记录节点的前驱和后继。

此外，IFVFDT 还为每个连续属性维持一个头指针 head，用于遍历整个属性树。为了有效计算每个划分节点的平滑离散化熵值，还要记录整个线索化二叉排序树的最大值 MaxValue、最小值 MinValue 及所处理的样本数目 ExampleNumber。

3. 新样本到达时的属性树更新过程

在 IFVFDT 中，每个 Hoeffding 树节点在变为叶节点前我们都在该节点上为每个连续属性维持一个线索化二叉排序树。

当有新样本(x,k)到达时，连续属性 i 所对应的属性树的更新过程如图 6-9 所示。该过程除了要修改相应指针，同时还要修改 MaxValue、MinValue 和 number 等值。

```
Procedure InsertValuefTBSTree(x, k, fTBSTree)
Begin
    Change MaxValue,MinValue and number; /// using the corresponding algorithm
    while(fTBSTree->right != NULL ||fTBSTree->left != NULL)
    If (fTBSTree->keyValue = =x )   then break;
    ElseIf (fTBSTree ->keyValue > x)  then
        fTBSTree = TBSTree->left;
    Else fTBSTree = fTBSTree ->right;
    Creates a new node curr based on x and k;
    If(fTBSTree.keyValue==x) then fTBSTree.classTotals[k]++;
    ElesIf (fTBSTree.keyValue > x)  then fTBSTree.left = curr;
    Else    fTBSTree.right = curr;
    Threads thisthreaded binary search tree; ///using the corresponding algorithm
End
```

图 6-9　连续属性 i 所对应的属性树的更新过程

其中修改 MaxValue、MinValue 和 number 等值的算法比较简单，这里不再赘述。

4. 新样本到达时的属性树线索化过程

新样本到达时，IFVFDT 需要线索化已有二叉排序属性树。如果新样本的取值和属性树中已有节点的取值相同，那么只需要修改相应的类统计信息，不需要重新线索化，否则属性树需要重新线索化。

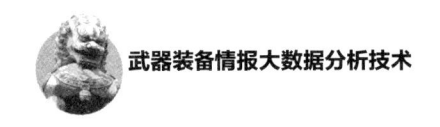

5. 连续属性的最佳划分节点选取过程

利用线索化二叉排序树的特性，我们使用了一个高效的最佳划分节点选取的方法。

假设某个决策树节点含有 n 个样本，连续属性 i 的样本不同取值为 a_1, $a_2,\cdots,a_n$，系统将为连续属性 i 维护一个线索化二叉排序属性树。所有分类边界点都作为该属性的备选划分节点。为计算划分节点的模糊信息增益，需要知道样本取值 $atrr_i \leqslant T$ 和 $atrr_i > T$ 的类分布。IFVFDT 中决策树节点的属性值 TBSTree.classTotals[k]用于计算模糊信息增益。

如图 6-10 所示，根据模糊信息增益的计算公式，从 head 头节点开始按照线索化顺序遍历整个属性树就可以计算所有备选划分节点的模糊信息增益，从而选取该连续属性的最佳划分节点。

```
Procedure fTBSTbestSplit(fTBSTtreePtr ptr,int *belowPrev[])
Begin
  If ( ptr->next == NULL) then break;
  For ( k = 0 ; k < count ; k++)
      *belowPrev[k] += ptr->classTotals[k];
  Calculates the fuzzy information gain using*belowPrev[];
  fTBSTbestSplit(ptr->next,int *belowPrev[]);
End
```

图 6-10　IFVFDT 最佳划分节点的选取过程

采用三角模隶属度函数计算方法，IFVFDT 根据每个连续属性所记录的属性最大值、最小值和样本数实现连续属性的平滑离散化。

6. 新到达情报数据分析处理过程

对于新到达情报数据样本，IFVFDT 从根节点开始，在每个分枝节点上进行测试，完成从上到下的遍历过程，最终的叶节点就是该样本的类别分布。对于图 6-3 中的样本，样本属于类 c_2 的可能性为 $\pi_2 = \otimes[B_2(x_2), A_1(x_1)]$，其中 $\otimes$ 为模糊乘（T 算子，一般采用取最小值或平均值），$B_2(x_2)$、$A_1(x_1)$ 为 x_2 和 x_1 对 B_2 和 A_1 的隶属度。相似地，可以计算出样本属于各个类别的隶属度 $\{\pi_i\}_{i=1\sim k}$。如果有多个叶节点对类别 c_i 的隶属度都是非零的，则该类别的最终隶属度为 $\pi_I = \oplus(\pi_j)$，其中 $\oplus$ 为模糊加（S 算子，通常采用最大值）。最后，如果某个类别的隶属度（如 π_K）远大于其他类别的隶属度，即 $\pi_K \gg \pi_{i \neq K}$，则样本的类别就是 c_K；否则决策树就给出该样本属于各个类别的隶属度，然后利用去模糊化过程判断其最终分类类别。

第7章 大数据情报信息概念漂移处理技术

很多情报数据流挖掘算法大多假设情报数据是独立同分布的,但实际应用中的很多情报数据流往往并不符合这一假设,数据分布大多随时间演变,即情报数据流存在概念漂移。情报数据流中的概念漂移问题,是情报数据流分析的难点。

7.1 概念漂移基础

情报数据流分析的一个难点在于:情报信息中的目标概念很多时候依赖于隐藏背景,而无法由预先指定的属性特征明确得出。例如,在情报数据流分析中,关于竞争对手的战略指导往往会因对手主要人员的变化而发生改变,竞争对手的行为习惯也会随着时间推移受很多因素(如时间周期、经济形势变化、政策调整等)的影响而发生改变。通常引发概念漂移的原因是隐性的,而且事先往往不可预知并难以预判。隐藏背景的改变可能会引起目标概念的变化,进而引发情报数据流的概念漂移问题。好的情报数据流分析处理算法,应该能够及时地识别隐藏背景的改变,并且根据改变对已学习的模型进行修正。

概念漂移处理的一个难题是如何区分概念漂移和噪声数据。有些分析处理算法,对噪声数据过于敏感而会错误地把噪声数据当作概念漂移;而有些算法,虽然具备很好的抗噪声能力却对概念漂移发生的识别过于迟钝。理想的处理算法是,在具有良好的抗噪声能力的同时能够及时识别和处理概念漂移。

在很多领域的情报数据中,有些隐藏背景可能会重复出现,此种重复有

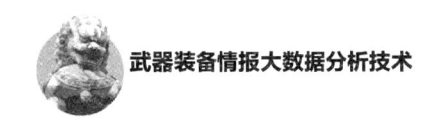

可能是一种周期循环现象（如每年中的四个季节），也可能是非周期性出现的（如重大政策的调整）。为了更好地适应情报数据的概念漂移，可以对情报数据已出现的概念进行描述并加以保存，当概念再次出现时就重复使用。用于处理概念重复出现的算法有 FLOARA3、PECS、SPLICE 等。

理想的大数据情报信息概念漂移处理算法：①能够随概念漂移的发生快速修正已学习模型；②具有良好的抗噪声数据能力，并且能够有效区分噪声数据和概念漂移；③对重复出现的概念能够准确识别和有效重用。

7.1.1 概念漂移定义

概念漂移描述一个变化的目标概念，假设目标概念中有两个概念 A 和 B。依次到达的情报数据流为 $\{i_1,i_2,\cdots,i_n\}$，假设在样本 i_d 之前目标概念 A 是稳定不变的，再经过 Δx 个样本后目标概念再次稳定地变为 B，则称在样本 i_d 和 $i_{d+\Delta x}$ 之间概念是在 A 和 B 之间漂移的。

如果 $\Delta x=1$，那么 A 和 B 之间的概念漂移是瞬态发生的；如果 $\Delta x>1$，则概念漂移发生在多个样本之上。可以用样本上概念 A 相对于概念 B 的势函数 α 建立概念漂移模型。对于基于势函数的概念漂移模型，在样本 i_d 之前，$\alpha=1$；在样本 $i_{d+\Delta x}$ 之后，$\alpha=0$；在发生概念漂移期间，$\alpha\in(0,1)$。样本属于概念 A 的概率为 $p(A)=\alpha$，而属于概念 B 的概率为 $p(B)=1-\alpha$。

如果当前情报样本数据 i_c 出现在概念漂移期间，则样本 i_d 和 $i_{d+\Delta x}$ 之间的概念漂移计算公式为 $\alpha=(c-d)/\Delta x$。因此，情报样本数据属于概念 A 的概率线性下降，而属于概念 B 的概率线性上升，直至概念 A 被概念 B 完全取代。

如果把情报数据流人为地分成连续的数据块，当情报数据流呈现稳定状态时，各数据块之间的样本可近似看作同分布的。如果各数据块之间不是同分布的，则数据块之间可能会发生概念漂移。根据概念的不同类型和状态，可分为概念稳定、概念漂移和概念转移三类。如图 7-1 所示，图 7-1（a）、（b）、（c）分别代表一个二维数据流，根据情报样本数据到达时间分为 4 个连续的数据块，其中 B_i 为时间 t_i 至 t_{i+1} 之间到达的数据块，对数据块的分割表示该数据块的最佳决策分界线。

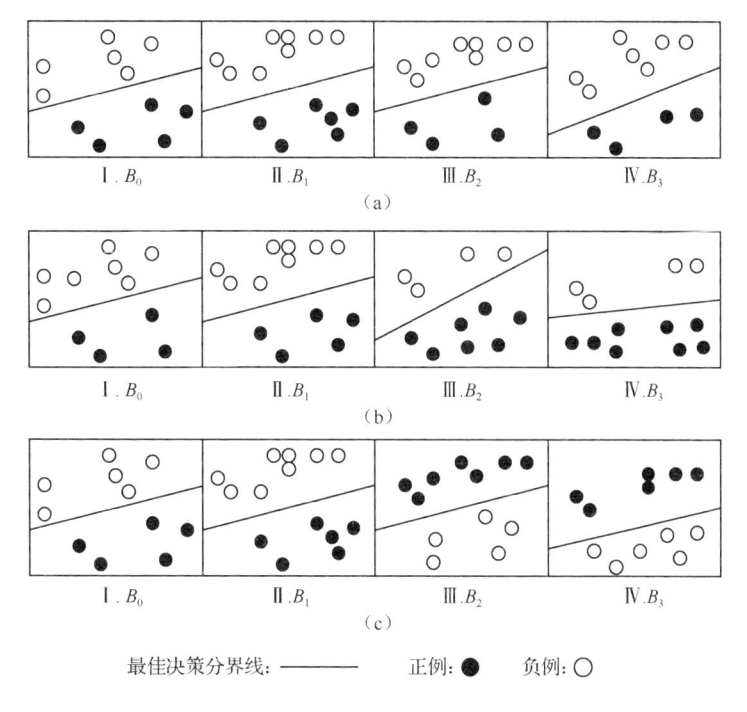

图 7-1　概念分布类型

7.1.2 概念漂移分类

一般情况下，可将概念漂移分为突变式和渐变式两类。例如，一个国家领导人的更换可能会引起国家战略大的变化（突变式），而在一个国家领导人任期内的国家战略大多是缓慢变化的（渐变式）。Stanely 根据概念的改变速度，进一步将渐变式概念漂移分为缓和式和缓慢式两类。

目标概念的改变可能是由隐藏背景的改变引起的，还有可能是由样本数据自身分布的改变引起的。对于目标概念保持不变而数据分布发生了改变的情形，同样需要对已学习模型进行修正。由数据分布改变引起的已有模型的修正，一般称为虚拟概念漂移，并且虚拟概念漂移和真实概念漂移经常一起发生。在一些情况下，也将虚拟概念漂移称为抽样漂移，而将真实概念漂移直接称为概念漂移。在实际应用过程中，到底是发生了哪种概念漂移并不重要，关键问题是如何对已学习模型进行修正。

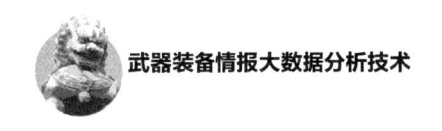

7.2 概念漂移处理方法

据统计，目前能够处理概念漂移的系统有 STAGGER、FLORA、OLIN、UFFT 等。

7.2.1 STAGGER 和 FLORA

最早能够处理概念漂移的是 STAGGER 和 FLORA 系统。其处理概念漂移问题的思路主要有三个方面：一是样本实例选择，通过选择最近概念的数据样本实例构建模型；二是设置样本实例权重，通过对样本实例设置权重以决定哪些样本实例更有构建模型的价值；三是集成学习，通过投票或权重机制决定最终的模型。STAGGER 是最早用于挖掘数据流的系统，其通过新增属性节点或调整概念的链接权重，来学习和跟踪概念漂移的发生。FLORA 系统利用一个适变的时间窗体实现样本数据的丢弃，窗体大小和样本的丢弃速率通过监督器自适应学习。当系统运行稳定时，窗体将增大；当发生概念漂移时，系统性能下降，窗体将会自适应地减小；当样本进入窗体超过一定的时间时，将会被移除，从而实现基于时间窗体的样本丢弃。

7.2.2 OLIN

Last 等人提出了一种基于模糊信息网络（Info-Fuzzy Network，IFN）的在线分类系统，该系统又称为在线信息网络（On Line Information Network，OLIN），能够根据数据流上的最新样本建立滑动窗体。系统动态调整训练样本窗体的大小并根据概念漂移发生的频率动态更新模型。OLIN 通过训练样本之间的概念漂移统计显著性差异，并将最新模型的预测准确率作为动态数据流是否发生概念漂移的标志。OLIN 在重构模型过程中启发式动态调整样本数，如果未发生概念漂移，则增加当前模型建立所需的样本；如果检测到发生概念漂移，则减小窗体的大小从而减少样本。OLIN 为每个新的滑动窗体建立一个新的模型。这个方法保证了随着时间的推移分类精度也能提高。OLIN 的一个主要缺点是生成新的模型时将产生很大的内存开销，OLIN 不考虑新的模型替代原有模型的开销。

7.2.3 UFFT

Gama、Medas 和 Rocha 等人提出了极速决策森林（Ultra Fast Forest of

Trees，UFFT）。UFFT 是一种通过建立二叉树森林有监督的增量式分类学习算法，并且能在恒定时间内处理每个样本。UFFT 通过信息增益分析评估每个可能分枝节点的好坏。对于多分类问题，算法为每一对可能相近的类建立一个二叉树从而构造一个森林。UFFT 在样本训练期间保持一个暂时内存空间，用于保证数据流的新样本在恒定时间内完成保存，并支持插入、删除等。一旦构建了测试节点，叶节点就变成带有两个叶节点的决策节点。UFFT 通过暂时内存空间的样本初始化每个叶节点的统计信息。UFFT 在决策树的每个节点上保持一个朴素贝叶斯分类器。通过样本统计值建立的分类器在变成叶节点时需要根据分枝准则判断其是否符合分枝要求。叶节点变成决策节点后遍历节点的所有样本，并通过朴素贝叶斯分类器进行分类。概念漂移探测方法最基本的思想是控制错误率，如果未发生概念漂移，则朴素贝叶斯分类器的分类错误率会降低，而发生概念漂移后朴素贝叶斯的分类错误率将上升。当探测到给定节点的分类错误率显著上升时，表明现有的分枝节点不再适用，需要对子树修剪并将其重新变为叶节点。

7.3 概念漂移自适应快速分类决策树算法框架

现实中的情报数据流往往存在概念漂移的情形，如何有效解决概念漂移问题是大数据情报信息分析一个非常重要的研究领域，本节重点介绍概念漂移自适应快速分类决策树（CVFDT）算法框架。

CVFDT 具体的构造过程为：首先从一个叶节点开始，从情报数据流收集样本。随着样本数量的增多，如果能够以较高的置信度确定最佳划分属性，则将该叶节点变成一个测试节点，然后对新的叶节点不断地重复该学习过程。CVFDT 维持一个训练样本的窗体，并通过在样本进入和流出窗体时更新已学习的决策树，使其与训练样本窗体保持一致。特别是，当一个新样本到达之后，它将被加入其所经过的所有决策树节点，而当将一个样本从决策树中去除时，它也需要从所有受其影响的节点中移除，并且所有的统计测试都需要重新进行。当 CVFDT 怀疑有概念漂移发生时，它就在该节点并行生成一棵备选子树。当备选子树的精度远大于原有子树时，原有子树被替换并释放。

CVFDT 是对 VFDT 的扩展，它在保持 VFDT 速度和精度的同时，具备处理情报数据流中概念漂移问题的能力。和很多其他处理概念漂移的系统一样，CVFDT 也对样本维持一个滑动窗体。但是，它并不是在每次样本到达时都重新学习模型，而只是在新样本到达时更新节点上的统计信息，并在样

本流出窗体时减少其所对应的统计信息。

CVFDT 和 VFDT 具有类似的决策树生成过程，但 CVFDT 在所有节点上都维持统计信息，而 VFDT 只是在叶节点上维持统计信息。由于哈希树（HT）频繁发生变化，并且丢弃老样本的过程是非常复杂的，所以 CVFDT 中所有的节点在创建时都被赋予一个自增的 ID 号。当一个样本进入窗体时，其所达到的哈希树中所有叶节点的最大 ID 值和所有的备选子树都由它记录。而老的样本通过减少它所经过的所有节点的统计信息达到丢弃的目的。

CVFDT 的精度和在每个新样本数据到达时都利用 VFDT 对滑动窗体进行学习获取的模型精度相近，但 CVFDT 每个样本数据处理的算法复杂度为 $O(1)$，而 VFDT 每个样本数据处理的算法复杂度为 $O(w)$（w 为窗体大小）。

CVFDT 的算法框架如图 7-2 所示。

```
Inputs:   S      is a sequence of examples,
          X      is a set of numerical attributes,
          G(.)   is a split evaluation function,
          δ      is one minus the desired probability of choosing the correct
                 attributes at any given node.
          τ      is a user-supplied tie threshold,
          w      is the size of the window,
          n_min  is the # examples between checks for growth,
          f      is the #examples between checks for drift.
Output:   HT     is a decision tree.
Procedure CVFDT(S, X, G, δ, τ, w, n_min, f)
    /*Initialize*/
    Let HT be a tree just with a single leaf l1(the root).
    Let ALT(l1) be an initially empty set of alternate trees for l1.
    Let X1 = X ∪ {X⊘}
    Let G̅1(X0) be the G̅1 obtained by predicting the most frequent class in S.
    Let W be the window of examples, initially empty.
    For each class y_k
        For each value x_ij of each attribute X_i ∈ X
            Let n_ijk(l1)=0
    /* Process example */
    For each example (x, y_k) in S
        Sort (x, y) into a leaf l using HT and all trees in ALT of any nodes(x, y) passes through.
        Let ID be the maximum id of the leaves in L.
        Add((x, y), ID) to the beginning of W.
        If |W|>w
            Let ((x_w, y_w), ID_w) be the last element of W
            Forget Examples(HT, n, (x_w, y_w), ID_w)
            Let W= W with ((x_w, y_w), ID_w) removed
        CVFDTGrow(HT, n, G, (x, y), δ, n_min, τ)
        If there have been f examples since the last checking of alternate trees
            CheckSplitValidity(HT, n, δ).
    Return HT
```

图 7-2　CVFDT 的算法框架

7.4 基于扩展哈希表的概念漂移自适应快速分类决策树算法

在 CVFDT 算法框架的基础上,通过哈希表和链表的复合构建"扩展哈希表",设计并实现了基于扩展哈希表的概念漂移自适应快速分类决策树算法 HashCVFDT,用以解决存在概念漂移情报数据流挖掘中的连续属性处理问题。

7.4.1 扩展哈希表基本数据结构

对于情报数据中的每个连续属性 i,HashCVFDT 维持一个扩展哈希表数据结构,该结构是哈希表和链表的复合。表中的每个节点 hashListNode 维护 keyValue、classTotals[k]、bucketNext、listnext 等几个属性值。其中,keyValue 用于记录新到达样本连续属性 i 的取值;classTotals[k]用于记录样本数据中连续属性 i 取值为 keyValue 类别的数量;bucketNext 指针为哈希表的链接指针;next 指针用于记录节点后继。

具体的扩展哈希表节点基础数据结构如图 7-3 所示。

```
Typedef struct HashListNodeStruc{
    real keyValue;                          /*连续属性取值*/
    int classTotals[k];                     /*样本各分类取值数目*/
    struct HashListNodeStruc *listNext;     /*链表的后向指针*/
    struct HashListNodeStruc *listPrev;     /*链表的前向指针*/
    struct HashListNodeStruc *bucketNext;   /*哈希表的链接指针*/
}HashListNode
```

图 7-3 扩展哈希表节点基础数据结构

此外,为了更高效地选取连续属性的最佳划分节点,HashCVFDT 还为每个连续属性维护一个表头指针 head,此外记录哈希表的索引指针 bucket、索引表大小 bucketCount、扩展哈希表的节点个数 nodeCount 等数据。

连续属性扩展哈希表基础结构如图 7-4 所示。

```
Typedef struct HashListStruc{
    HashListNode *head;       /*链表头指针*/
    HashListNode *bucket;     /*哈希表的索引指针*/
    int bucketCount;          /*哈希表索引指针大小*/
    int nodeCount;            /*扩展哈希表的节点个数*/
}HashList
```

图 7-4 连续属性扩展哈希表基础结构

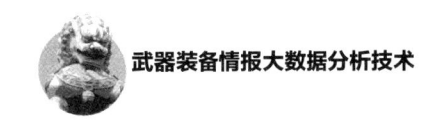

7.4.2 新数据到达时的扩展哈希表插入过程

情报数据的属性值总体上可分为离散属性值和连续属性值两类。对于离散属性值，由于属性值数量不多，备选划分节点也不会太多，因此其类别信息保存开销不大；对于连续属性值，由于属性值是连续的，备选划分节点空间很大，因此保存相关信息以获取最佳划分节点的算法开销巨大，这也是新样本到达时模型构建需要解决的一个关键技术难点。

由于连续属性值数量很多，因此其分析处理算法的复杂度和计算开销都非常大。有些分析处理算法虽然具有良好的伸缩性，但一般要求多遍扫描样本数据；有些分析处理算法，通过加入预处理阶段对连续属性值进行排序。但是，由于情报数据流的实时到达性和全部样本无法一次性获取，所以这些算法对情报数据流连续属性的分析处理不适用。

针对数据流中的概念漂移问题，Hulten 和 Domingos 等首先提出了数据流中离散属性的分析处理方法，并在后续研究中利用排序数组解决了连续属性分析处理问题。但排序数组不管是对新样本数据的插入，还是基于排序数组计算信息增益从而选取连续属性的最佳划分节点，算法开销都非常大。

在 HashCVFDT 中，每个 Hoeffding 树节点在变为叶节点前，需要在该节点上为每个连续属性维持一个扩展哈希表基础数据结构。当新的情报样本数据到达时，扩展哈希表的插入过程包括哈希表插入操作和链表插入操作两部分。其中，对于哈希表插入操作，可以将样本连续属性值离散化后映射为 [0,1023] 的整数，然后采用基于 1023 除整取余的方法进行散列，如果发生冲突则采用链表地址法进行处理；对于链表插入操作，最多只需要修改 3 个节点的后继指针即可。

新样本到达时的 HashCVFDT 插入过程如图 7-5 所示。

7.4.3 数据流出时的扩展哈希表删除过程

为了解决情报数据流中的概念漂移问题，当样本数据流出当前的训练样本窗体时需要丢弃老样本，并且对情报数据所有属性的扩展哈希表进行删除操作。数据流出时进行扩展哈希表的删除，首先利用哈希表查找定位到相应的样本数据，然后从哈希表和链表中删除该样本数据。如果待删除数据在扩展哈希表中有多个值，则只需在查询到该节点之后，将 classTotals[k] 取值减 1 即可；如果在扩展哈希表中只有一个样本数据，则需要对扩展哈希表数据结构进行修改。

数据流出时的 HashCVFDT 删除过程如图 7-6 所示。

```
Procedure    HashListInertSort(HashList   *hashList,int   keyValue,int
k,HashFunc hashFunc,CompareFunc compareFunc)
{
//HashFunc：哈希函数
//CompareFunc：数据比较函数
hashNode = hashList->head;
while (hashNode->listNext != NULL)
{
/*新节点*/
if
(*CompareFunc(hashNode->listNext->keyValue,hashNode->keyValue
)<0)
{
tmpNode = hashNode->listPrev;
while (tmpNode !=NULL)
{
if((*CompareFunc(hashNode->listNext->keyValue,hashNode->keyVal-
ue)>=0)
{
curNode = hashNode->listNext;
hashNode->listNext = hashNode->listNext->listNext;
if ( curNode->listNext != NULL)
{
curNode->listNext->listPrev = hashNode;
}/*将节点插入相应位置*/
}
tmpNode = tmpNode->listPrev;
}/*如果所有数据都大于该节点数据，则将该节点插入链表头部*/
}
/*哈希链表中已存在该节点*/
else
{
hashNode->classTotals[k]++;
hashNode = hashNode->listNext;
}
}
```

图 7-5　新样本到达时的 HashCVFDT 插入过程

```
Procedure    HashListDel(HashList   *hashList,int   keyValue,int
k,HashFunc hashFunc,CompareFunc compareFunc)
{
bucketIndex = (*hashFunc)(keyValue,hashLit->bucketCount);
hashNode = hashList->buckets[bucketIndex];
prevNode = NULL;
while ( hashNode != NULL)
{
if ((*compareFunc)(hashNode->keyValue,keyValue)==0)
{
if (prevNode ==NULL)
{
hashList->buckets[bucketIndex] = hashNode->bucketNext;
}
else
{
prevNode->bucketNext = hashNode->bucketNext;
}
/*从链表中删除节点*/
hashList->nodeCount--;
prevNode = hashNode;
hashNode = hashNode->bucketNext;
hashList->buckCount--;
}
}
```

图 7-6　数据流出时的 HashCVFDT 删除过程

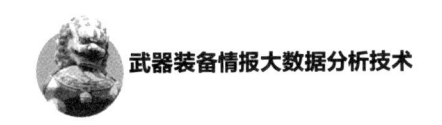

7.4.4 连续属性最佳划分节点选取过程

由于情报数据每个连续属性对应的连续扩展哈希表，很好地结合了哈希表和链表的特性，因此连续属性最佳划分节点的选取可以更加高效。

假设某个情报数据流分析模型中含有 n 个样本数据，各个样本数据连续属性 i 的不同取值为 $\{a_1, a_2, \cdots, a_n\}$，HashCVFDT 将为连续属性 i 维护一个扩展哈希表。连续属性相邻取值的中间节点 $T=(a_i+a_{i+1})/2$ 都可能是属性 i 的一个划分。Fayyad 证明连续属性相邻取值只有在分类类别不相同的情况下才可能是最佳划分节点，这意味着如果 a_i 和 a_{i+1} 有相同的分类类别，则其中间取值 T 不可能是最佳划分节点。为了计算划分节点的信息增益，需要知道样本取值 $atrr_i \leq T$ 和 $atrr_i > T$ 的分类类别分布情况。扩展哈希表的节点属性值 hashListNode.classTotals[k]用于计算连续属性划分的信息增益，进而用于选取连续属性的最佳划分节点。

哈希表结构非常便于查询、插入、删除等操作，但同时不便于排序输出，因此最佳划分节点的选取复杂度非常大。针对该问题，扩展哈希表结构利用哈希表和链表的复合，有效解决了排序输出的问题，从而解决了情报数据连续属性最佳划分节点选取的问题。从每个连续属性对应的扩展哈希表头节点 head 开始，遍历整个扩展哈希表计算所有备选划分节点的信息增益，进而选取该连续属性的最佳划分节点。

第8章
武器装备情报大数据分析案例

情报是为决策服务的。在装备领域，大数据同样无处不在，如何利用这些大数据为装备的发展决策服务是一项重要的课题。本章对外军装备领域的大数据分析案例进行研究，分别从不同的角度论述在装备采办中如何利用大数据方案为装备采办决策服务。通过本章案例，可以看出大数据如何在装备采办中具体应用，特别是大数据可视化技术如何辅助决策。实际上，目前已经有很多商业化的解决方案可以直接用于大数据分析，如案例中使用的 SAS Enterprise Miner 等，在包括装备在内的情报分析中应用大数据方案是可行的。

8.1 基于 LLA 的国防采办决策

"采办"（Acquisition）是一个比物品或服务的"采购"（Purchase）含义更为广泛的术语，采办过程涵盖了设计、工程、建造、试验、部署、维持和武器系统或相关物品处置的全部过程。国防采办是一个典型的大数据来源，如何利用采办大数据为采办决策服务，是一个非常值得关注的问题。

8.1.1 研究背景

根据法规和条例，武器系统从概念到部署，必须经历三个步骤：确定所需的武器、建立预算和采办。

（1）联合能力集成与开发系统（Joint Capabilities Integration and Development System，JCIDS），用于确定需求。

（2）计划、规划、预算和执行系统（Planning, Programming, Budgeting and Execution System，PPBE），用于分配资源和预算。

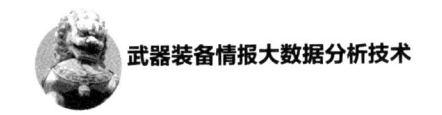

（3）国防采办系统（Defense Acquisition System，DAS），用于开发和购买物品。

国防采办系统是非常复杂的，国防采办的每个过程都会产生大量的数据。采办专业人员、决策制定者和研究人员需要根据这些数据制定决策并优化国防部的资源。目前国防部的采办系统之间缺乏横向整合，美国海军研究生院的 Ying Zhao 教授等人提出使用词法链接分析（Lexical Link Analysis，LLA）来寻求优化方案。词法链接分析是一种数据驱动型自动化技术和方法，主要用于：

- 揭示表明主题及其跨域多个数据来源的关系；
- 发现高价值投资领域；
- 比较和关联多个数据源的数据；
- 对重要和感兴趣的信息进行排序。

词法链接分析是一种数据驱动的模式识别、异常检测和数据融合方法。该方法共享索引而不是共享数据，因此适合并行和分布式处理，适合大数据架构和分析，能够对采办的大数据进行分析。

历史的研究成果也部分证明了词法链接分析在国防采办大数据分析中的潜力。例如，对研究、开发、试验与鉴定（Research，Development，Test and Evaluation，RDT&E）的预算修改实践进行了仔细审查，对国防部 450 个项目要素的 1～10 年的数据进行了分析。研究结果表明，与作战需求关联较少的项目预算在总体上削减较多，但是与平均削减值相比削减较少，这表明项目预算的削减主要集中在大项目或者重点项目上，而不是全部削减与作战需求不相符的项目。此外，相互关联较多的项目无论从总体上还是平均值上，削减都更多，这表明国防部在分配资源时在避免重复项目。这些结果可以为未来的决策过程提供指导，并且可以自动识别更加符合作战需求的项目，同时限制总的支出、最大限度地提高效率、消除不必要的成本并最大限度地提高投资回报率。

8.1.2　词法链接分析方法

词法链接分析已被用于分析结构化和非结构化的数据，用于进行模式识别、异常检测以及数据融合。词法链接分析的步骤如下。

步骤1：过滤掉一个预先定义好的停用词列表，例如，单词"a""the""this""that"等在英语中没有意义。根据以下的二元语法参数选择句子或段

落级别的词对：
- 一个词与另一个词相邻的概率；
- 每个单词的最低频率。

步骤 2：应用社交网络社区发现算法，将这些词对转换为主题。一个主题包括相互连接的词对的聚类。

步骤 3：计算每个主题的重要性。

步骤 4：对按时间或其他参数衡量的主题重要性进行排序，并且研究发现的主题的分布。

在词法链接分析中，一个复杂的系统是用特定的词汇或词典来表达的，用于表征其特征、属性和周围环境。词法链接分析使用二元词对作为特征来构成词网络。图 8-1 所示的就是使用词法链接分析词对作为主题，分析国防采办项目的数据，图 8-2 显示的是图 8-1 中主题的进一步放大。在图 8-1 和图 8-2 中，一个节点代表一个词，一条边代表一个词对。

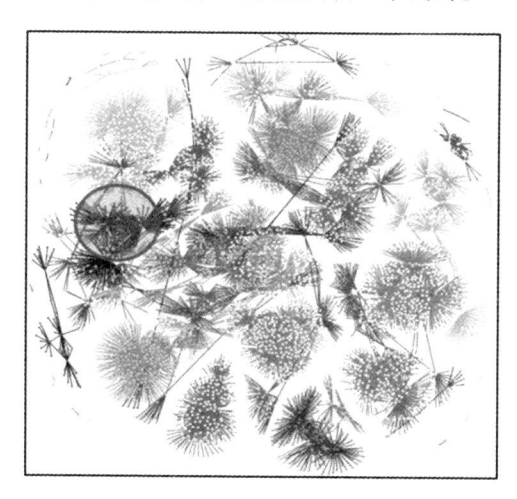

图 8-1　使用词法链接分析词对作为主题进行数据分析

词法链接分析与所谓的"词袋"方法（Bags-of-Words，BAG）如"文本即网络"（Text-As-Network，TAN）是相关的。词法链接分析选择特征并将其分为以下三种基本类型。

- 流行（Popular，P）：从数据中找到的流行主题。图 8-2 所示的是一个以词节点"分析、模型和方法"为节点的流行主题示例。这些主题可能并不是人们感兴趣的，因为这些主题已经存在于公众共识之中，它们代表的是数据中的模式。

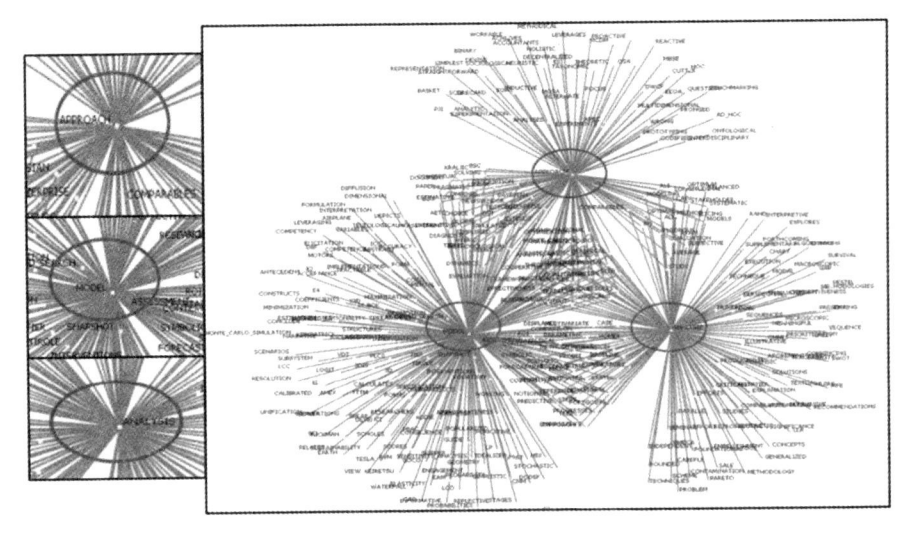

图 8-2 图 8-1 中主题的进一步放大

- 新兴（Emerging，E）：随着时间的推移可能会变得流行的主题。图 8-3 是一个以词节点"国家、国防和采办"为中心的新兴主题示例。
- 异常（Anomalous，A）：异常主题又称不规则主题，是下一步研究可能感兴趣的主题。图 8-4 所示的是一个以"股票和市场"为中心的异常主题示例。

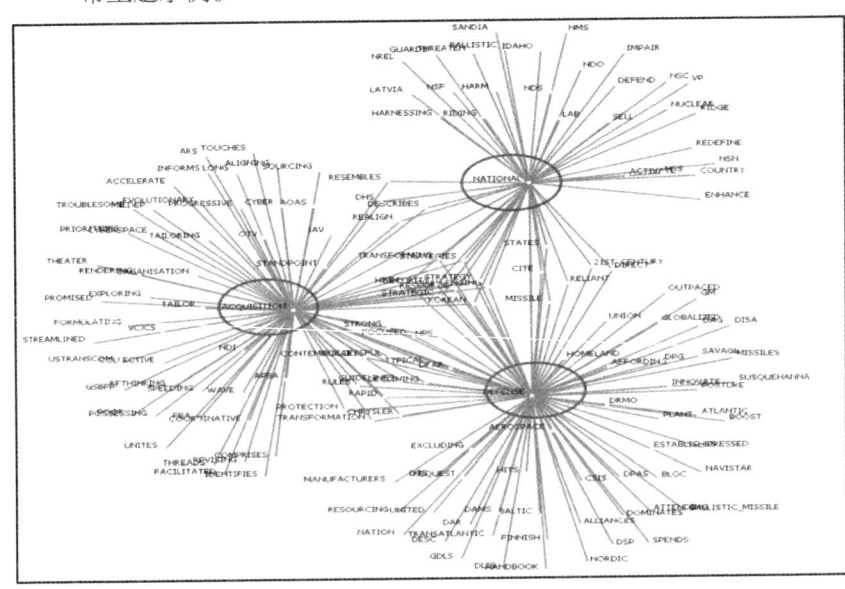

图 8-3 新兴主题示例

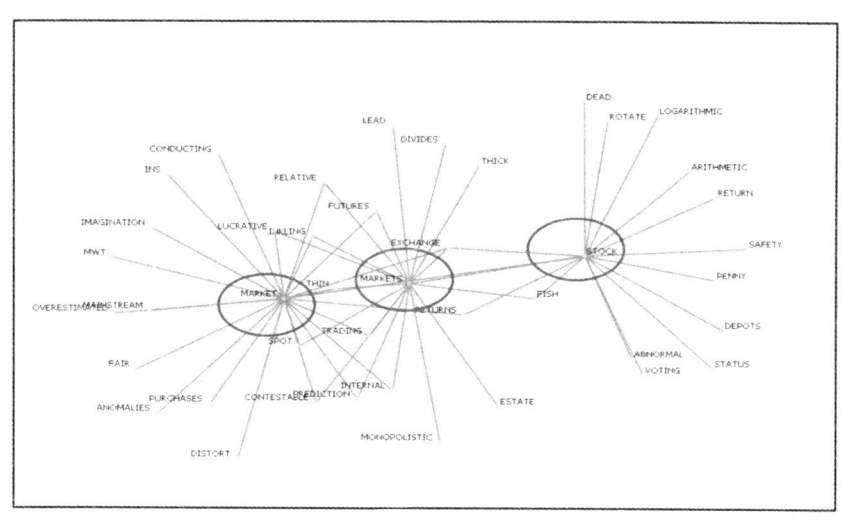

第 8 章 武器装备情报大数据分析案例

图 8-4 异常主题示例

图 8-5 总结了使用历史数据和新数据的词法链接分析方法，阴影部分表示使用历史数据（包括来自多个学习代理的数据融合）的模式（即主题）发现阶段，非阴影部分表示应用阶段，即用新数据与发现的模式进行比较，从而揭示数据的异常。

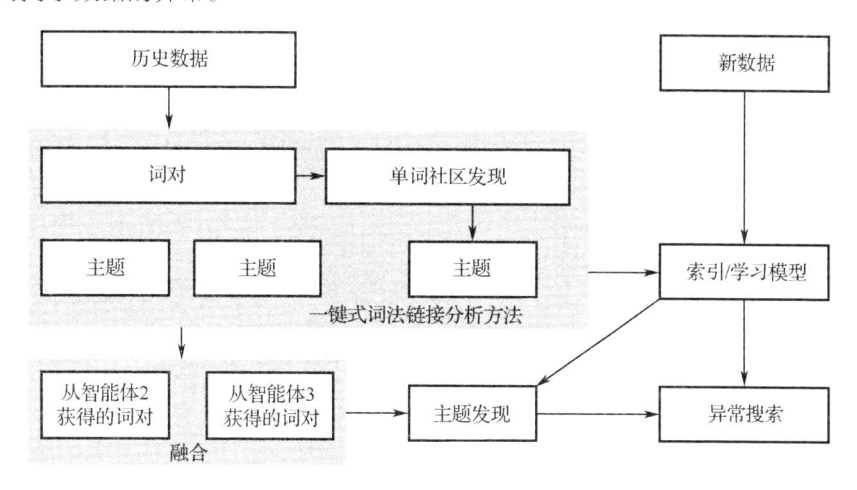

图 8-5 使用历史数据和新数据的词法链接分析方法

8.1.3 词组产生和"文本–概念–聚类"模型

词法链接分析方法使用的词对可以概括为"文本–概念–聚类"（Context-Concept-Cluster，CCC）模型，如图 8-6 所示。其中，"文本"是可

以由多个数据源共享的通用属性，"概念"是数据的特定属性，"聚类"则是可以通过图 8-5 中的单词社区发现算法计算的属性或主题的组合，作为数据集的特征。文本可以是一个单词、位置、时间或对象。

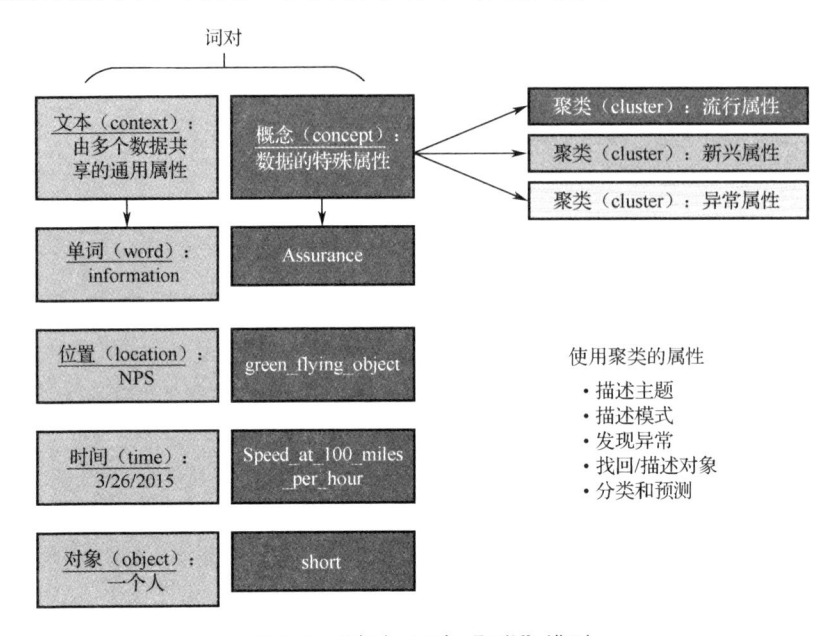

图 8-6 "文本-概念-聚类"模型

图 8-7 总结了广义的"文本-概念-聚类"方法用于历史数据和新数据。与图 8-5 相似，该方法有一个使用历史数据进行模式发现的阶段，在该阶段学习和发现模式，并将新数据的应用阶段与发现的模式进行比较，从而发现异常。

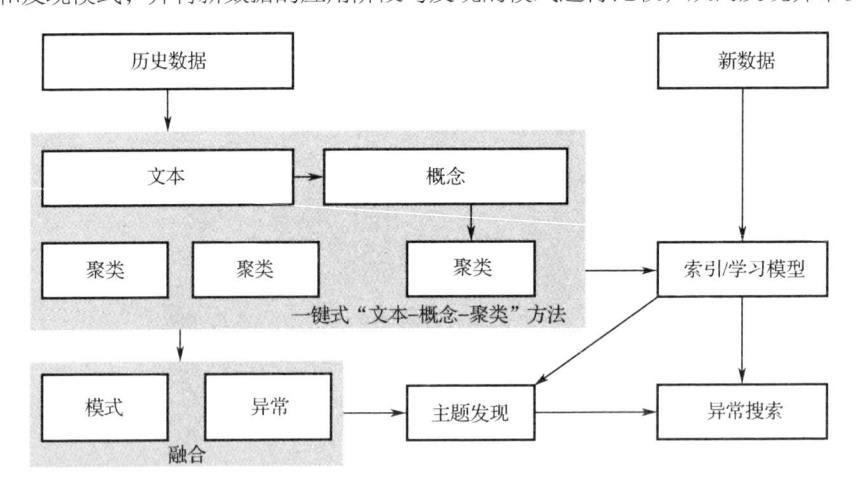

图 8-7 广义的"文本-概念-聚类"方法用于历史数据和新数据

8.1.4 词法链接分析用于国防采办可视化环境

国防采办可视化环境（Defense Acquisition Visibility Environment，DAVE）是一个数据库，提供了国防采办相关的权威、及时、准确的数据。美国海军研究生院为了完成国防采办大数据的分析，与国防部负责采办、技术和后勤的副部长沟通，海军研究生院可以使用国防采办可视化环境提供的数据进行研究。海军研究生院的 Ying Zhao 等人将词法链接方法作为一种 Web 服务，应用在了国防采办可视化环境的测试平台中。该服务可以对可视化环境的源代码进行扫描，从而以权威数据来源保证分析结果的准确、可信。图 8-8 所示的是词法链接分析报告和可视化示例。

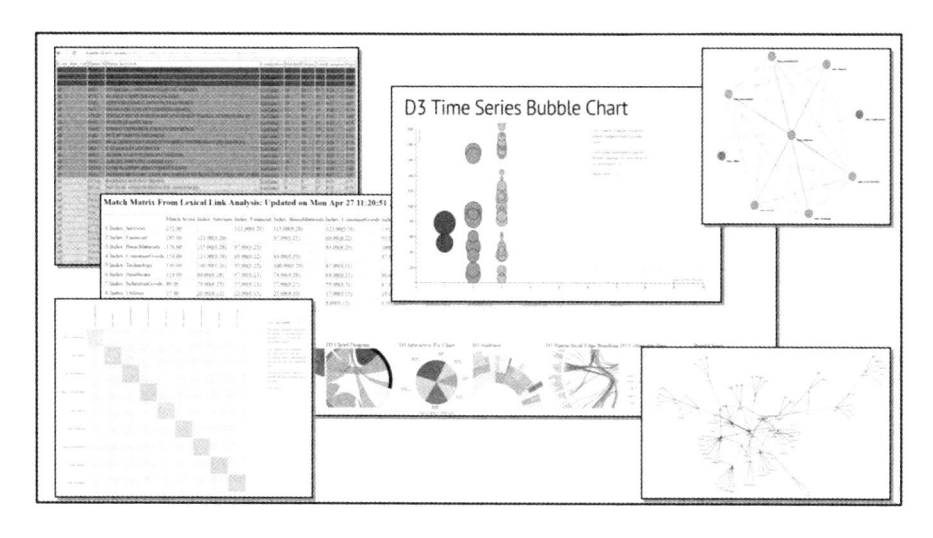

图 8-8　词法链接分析报告和可视化示例

图 8-9 至图 8-12 是使用数据驱动文档（Data-Driven Documents，D3）工具实现的可视化结果。

图 8-9 所示的是比较两个数据源时使用词法链接分析发现的多个主题的条形图和饼形图，具体而言，图 8-9 中红色表示匹配的词条数而绿色表示独立的词条数。

图 8-10 所示的是在交互式折叠树中每个主题的词条数。

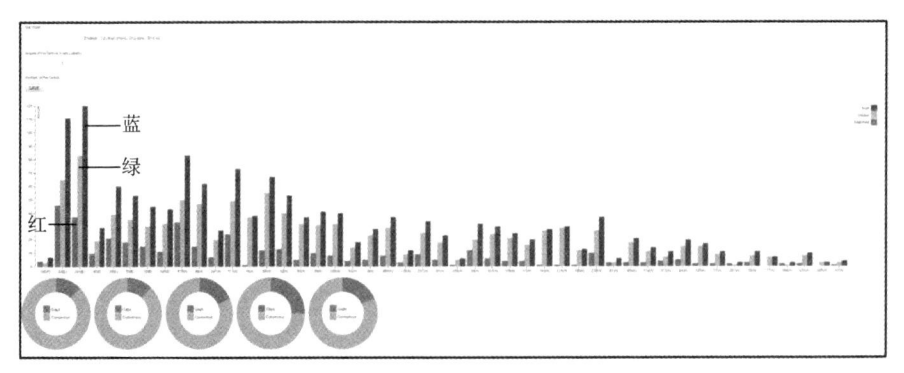

注：红、绿、蓝依次交替出现。

图 8-9　使用数据驱动文档工具实现的可视化：比较两个数据源

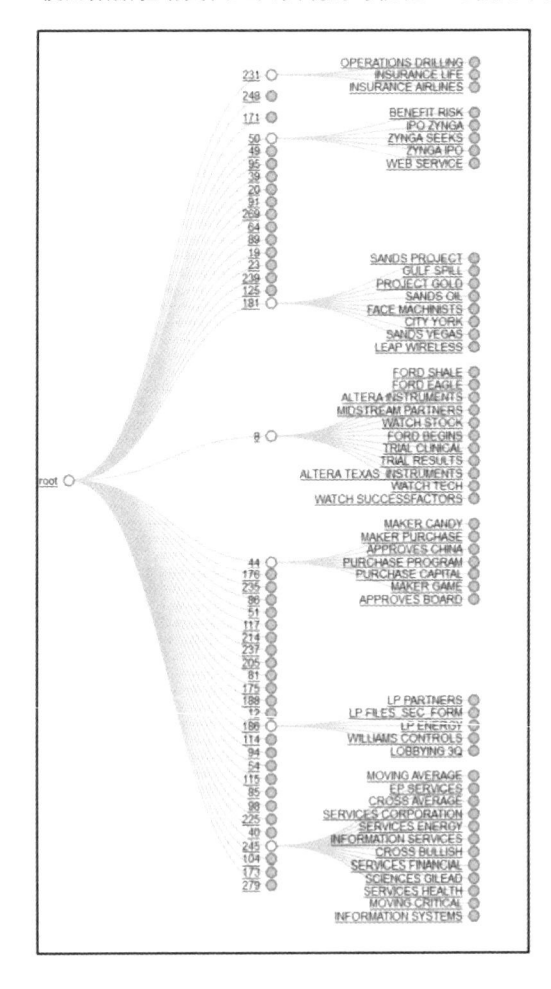

图 8-10　使用数据驱动文档工具实现的可视化：在交互式折叠树中每个主题的词条数

图 8-11 表示"词云"(Word Cloud)中的词条数,每种颜色各代表一个主题。

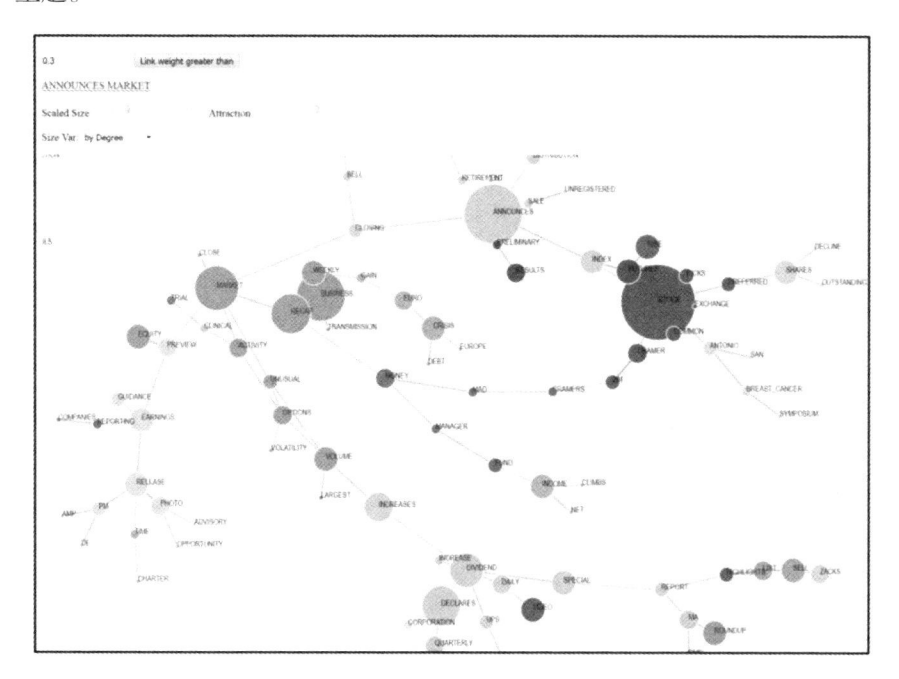

图 8-11　使用数据驱动文档工具实现的可视化:"词云"中的词条数

图 8-12 表示分层边缘捆绑(Hierarchical Edge Bundling)中的数据来源聚类,聚类反映了在数据源中发现匹配的和独特的词条数目。

Ying Zhao 等人继续对词法链接分析方法进行了研究,并积极探索了该方法与其他机器学习方法结合,从而帮助决策者能够更好地理解采办大数据。Ying Zhao 等人将词法链接分析方法用于以下方面。

(1)检查和比较重要的采办数据源,从而研究主承包商和分包商的关系;分析作战试验与鉴定评估的年度报告;进行时间序列分析;比较合同数据和预算数据。

(2)大数据应用的其他领域还包括:了解当前的采办过程中,合同谈判的微小延迟或异常情况如何对其绩效产生巨大影响,从而使政府在下游花费大量资金;应用词法链接分析对此类问题进行模式识别和异常检测,以实现早期预警和预测,从而防止后续风险;了解项目或合同偏离正常行为的原因,以及如何使用物理模型;探索词法链接分析方法在节点和系统自我意识理论中发现的网络观点和社会动态,以及如何使用它们来制定严谨的业务流程;等等。

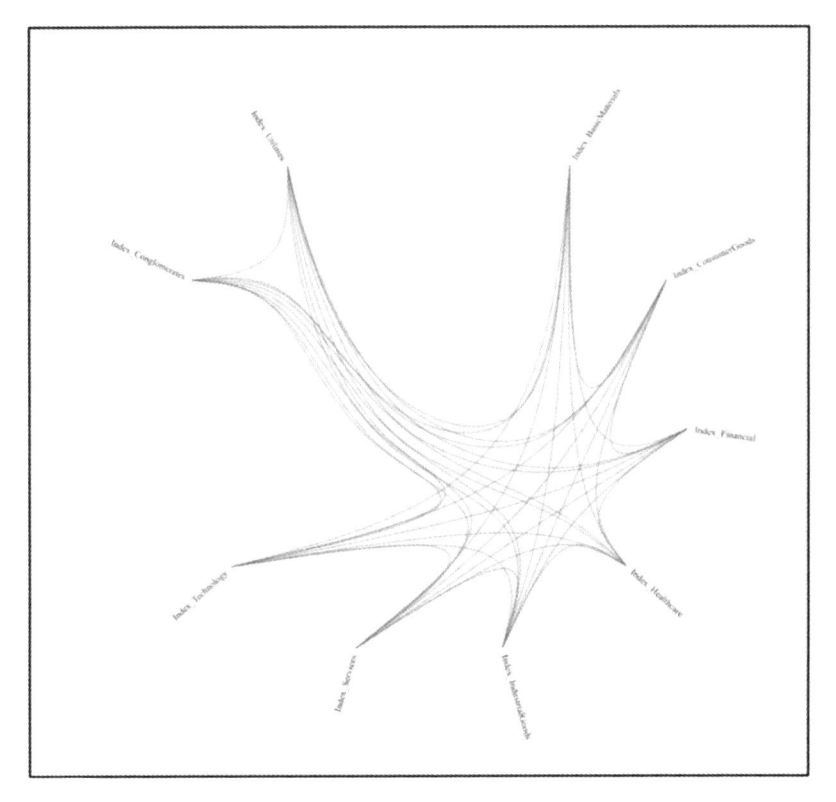

图 8-12　使用数据驱动文档工具实现的可视化：分层边缘捆绑中的数据来源聚类

8.2　服务采办决策的大数据分析

服务采办（Service Acquisition）是国防采办的重要内容之一，服务采办包括从供应商处购买广泛的服务，如为管理、信息技术和武器系统等提供辅助。与其他类型的采办一样，服务采办中同样充斥着大数据。这些大数据可以用于提高服务采办的能力。本节以美国海军研究生院对国防部服务采办的大数据研究为例，论述如何在服务采办中使用大数据分析，从而为服务采办决策人员提供决策依据。

8.2.1　研究背景

服务采办占据着国防采办的重要份额。2019 财年，美国国防部用于购买服务的合同金额约为 1900 亿美元，该财年各军种部负责的服务采办合同金额如图 8-13 所示。

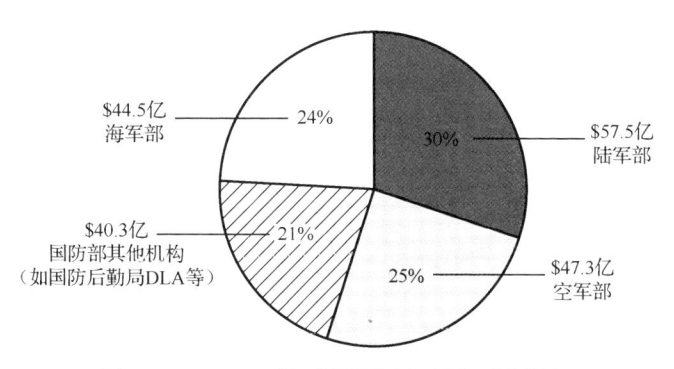

图 8-13 2019 财年美国国防部服务采办份额

相比传统的装备采办，服务采办面临着较多的问题。从 2001 年开始，美国政府问责局（Government Accountability Office，GAO）就将国防部的服务采办列为高风险领域之一，近几年，国防部虽然采取了很多措施来提高服务采办的效率，但是在最新的报告中，GAO 仍将国防部的服务采办列为需要重点关注的领域之一。2015 年 4 月，负责采办、技术和后勤的国防部副部长发布了《更好的购买力 3.0》（以下简称 BBP 3.0），其目的是加强国防部在创新和卓越技术方面的努力，同时继续提高国防部的效率和生产力，其重点内容之一就是提高服务采办的效率。

美国海军研究生院的专家们使用大数据方法对服务采办数据进行了分析，并且通过连续研究得出了国防部服务采办合同的成功主要由 4 个广义因素引起：一是外包服务的类型和合同数量，以及与采办相关的工作量；二是被授予合同的特征；三是开展承包、项目管理和监督工作的能力；四是各种管理实践，如使用项目团队和寿命周期方法等。服务采办合同成功的驱动因素如图 8-14 所示。

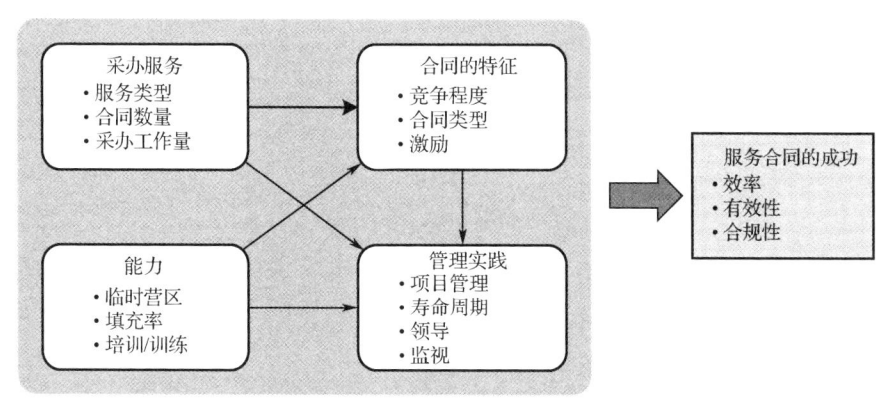

图 8-14 服务采办合同成功的驱动因素

如图 8-14 所示，合同的特征受服务类型的影响，而管理实践受采办服务、合同的特征以及完成工作可用的能力等因素的影响。反过来，服务合同的成功又同时受到前面提到的 4 个驱动因素的影响。本节使用大数据分析方法，对服务采办合同的成功因素进行分析。

8.2.2 研究方法和过程

国防采办的一般评估指标包括绩效、成本和进度。合同是否成功，主要是从绩效、成本和进度等方面进行考虑的。《联邦采办条例》要求对超过 10 万美元合同的承办商的绩效信息进行收集记录，这些信息将用于未来确定合同来源时的参考。国防部使用承包商绩效评估报告系统（Contractor Performance Assessment Reporting System，CPARS）收集承包商的绩效信息，CPARS 评估数据反映承包商在特定领域的表现，包括质量、进度、成本控制、业务关系、关键人员的管理和中小企业的利用。CPARS 使用评级量表对这些领域的承包商进行评级，包括出色（Exceptional）、很好（Very Good）、满意（Satisfactory）、一般（Marginal）和不满意（Unsatisfactory）。除了前面讨论的客观评估评级外，承包商绩效评估报告还包括一个叙述部分，政府可以在其中对承包商的表现进行主观评估。还应注意的是，承包商可以在政府最终确定评估报告之前审查报告内容并将意见反馈给政府评估官员。

本研究采用承包商履约评估报告中的合同结果作为合同成功与否的代表。在任何一个评估领域中获得"一般"或"不满意"评级的承包商的合同就被定义为不成功的合同，研究方法如图 8-15 所示。

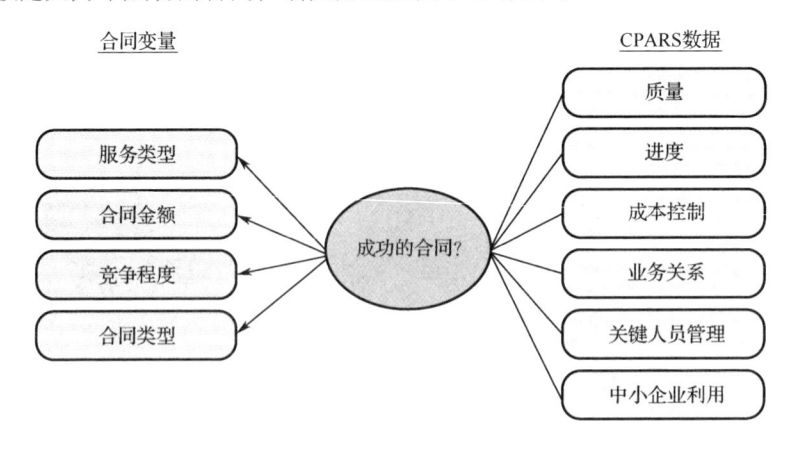

图 8-15　研究方法

项目研究使用的合同数据来自 1996—2013 年间陆军任务基础设施司令部的服务合同，初始的搜索共产生了 14395 份合同，然后对合同进行了筛查和过滤，仅保留了涉及设备服务维护、行政和管理服务、公用事业和家政服务、自动数据处理和电信服务等的 5621 份合同；继续对合同进行筛查，仅保留了特定几个地区的 715 份合同用于研究的输入。由于收集的数据相对而言很小，因此，本案例的分析结果不应该被解释为结论性或总体趋势的指示。

对于每份合同，收集了关于特定合同变量（服务类型、合同金额、竞争程度、合同类型）和特定承包商评估等级（质量、进度、成本控制、业务关系、关键人员管理、中小企业利用）的数据。根据合同商在 CFAR 评估领域（包括产品或服务质量、进度、成本控制、业务关系、关键人员的管理、中小企业的使用）是否得到一个"一般"或者"不满意"的评级确定合同成功与否。承包商在以上评估领域中只要获得"一般"或者"不满意"的评级，那么将视该合同为不成功。

本案例基于三种数据分析方法对数据进行分析，分别是决策树分析、逐步回归和神经网络，从而探索合同成败的驱动因素。使用这三种方法，第一步都是将 715 个案例的原始数据分为两类：80%作为训练数据集， 20%作为验证数据集。训练数据集用于创建模型，而验证数据集用于确定模型是否"过拟合"。

8.2.3 研究结果

案例使用了 SAS Enterprise Miner 软件进行分析。SAS Enterprise Miner 是由 SAS 公司推出的先进的大数据分析软件，可以借助该软件方便地进行决策树分析、逐步回归和神经网络分析。

1. 决策树分析

使用 SAS Enterprise Miner 为二元目标变量"不成功的合同"确定决策树，对"不成功的合同"的决策树分析如图 8-16 所示。

如图 8-16 所示，在最高节点，可以看到 2.98%的训练数据集合同不成功（1=不成功，0=成功）和 3.45%的验证数据集合同不成功。决策树的第一分类是被称为"授予美元价值"（Award Dollar Value，ADV）的连续变量，与授予美元价值较高的合同相比，那些 ADV 低于 90698261 美元（约 9070 万美元）的合同的失败率要小得多（训练数据集为 1.95%，验证数据集为 3.05%）。

训练数据集中超过 9070 万美元的案例只有 58 个,所以对 ADV 超过 9070 万美元的部分没有进一步划分。

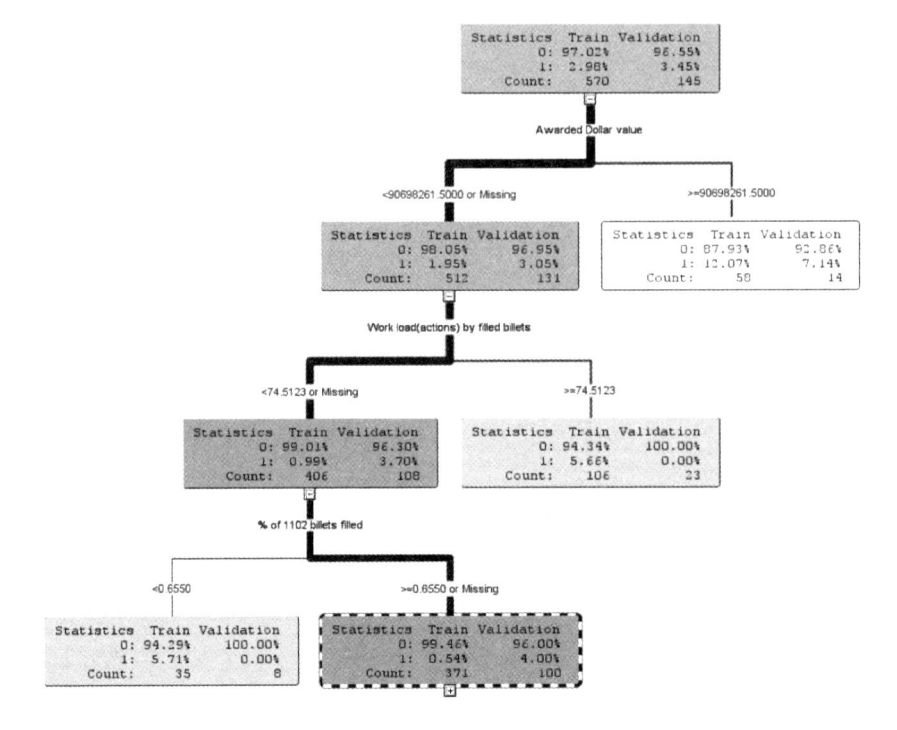

图 8-16 对"不成功的合同"的决策树分析

对于 ADV 低于 9070 万美元的合同,下一级分类是"占用临时营地"(Work load(actions) by filled billets),占用临时营地的工作量小于约 74.5 的合同办公室的失败率(训练数据集为 0.99%,验证数据集为 3.7%)要比占用临时营地工作量高的合同办公室失败率(训练数据集为 5.66%,验证数据集为 0.00%)低得多,这说明人手不足或工作过度的合同办公室往往有更多评级等级较低的合同。

最后一层的划分是 1102 个占用临时营地的百分比。分析结果表明,与占用临时营地百分比较高的合同办公室(训练数据集为 0.54%,验证数据集为 4%)相比,较低的合同办公室的失败率更高(训练数据集为 5.71%,验证数据集为 0.00%)。这表明无法占用临时营地的合同办公室面临的合同失败的概率更大。

2. 逐步回归

使用逐步回归的方法进行回归分析。首先估计没有自变量的回归；然后使用截距和只有一个变量可以解释目标变量中的最大可变性来估计模型；最后估计具有截距和两个顶级变量的模型。这个过程一直持续到所有的自变量都被包括在分析中为止，使用 SAS Enterprise Miner 进行逐步回归，最终得出的分析结果如图 8-17 所示。

Parameter	Estimate	p value	$e^{(Estimate)}$
Intercept	-12.213	<.0001	0
Work load (actions) by filed billets	0.0129	0.0117	1.013
Type of Contract – CPAF	8.8507	<.0001	6979
Type of Contract – CPAF & CPFF	-3.2748	0.9986	0.038
Type of Contract – CPFF	9.2498	<.0001	10402
Type of Contract – CPFF FFP	37.0026	0.9954	1.7×10^{16}
Type of Contract – CPIF	-3.3486	0.9978	0.035
Type of Contract – FFP	7.8061	-	2455
Type of Contract - Other	-3.7514	0.9970	0.0264

	Training	Validation
Average Squared Error	0.0266	0.0290
Misclassification Rate	0.0281	0.0276

图 8-17 逐步回归的分析结果

图 8-17 中，"估计"（Estimate）列中的数字是回归方程的估计系数；p 值（p value）用于表示显著性水平，通常小于 0.05 的 p 值被认为是显著的；最后一列是估计的指数。

变量"占用临时营地"（Work load(actions) by filled billets）是整个办公室完成的工作量除以合同办公室在该段时间内的占用临时营地数量。该变量提供了每个占用临时营地工作的平均动作数。回归结果表明，每个占用临时营地增加一项工作将使合同失败的概率增加 1.3%，这意味着每个临时营地增加 10 项工作，合同失败的可能性将增加 13%。该变量是决策树分析的合同失败的重要指标。

合同类型是合同的重要指标，合同类型包括"成本加固定费用"（Cost Plus Fixed Fee，CPFF）、"成本加奖励费用"（Cost Plus Award Fee，CPAF）、"成本加激励费用"（Cost Plus Incentive Fee，CPIF）、"固定价格"（Firm Fixed Price，

FFP)和"其他"(Other)类型的合同等。在回归分析中，使用 FFP 作为基本案例，结果表明，CPAF 合同失败的可能性是 FFP 的 6979 倍，CPFF 合同失败的可能性是 FFP 的 10402 倍，所有其他类型的合同与 FFP 合同没有显著差异。这些结果在之前的决策树分析中是没有被发现的。

3．神经网络

神经网络适合用于预测，而难以解释自变量和目标变量之间的关系。神经网络在大数据集中显示的效果最好，由于本项目研究使用的数据很少（训练集只有 512 个案例），因此使用神经网络并没有比逐步回归的结果好多少。由于使用的数据集有限，神经网络等更为复杂的建模方法并没有提高预测能力。对于本案例，使用逐步回归模型还可能更利于解释。

8.2.4　结论

通过使用决策树、逐步回归和神经网络等大数据分析技术，得出以下 4 个变量对合同的成败影响最大：

（1）合同类型。

（2）合同授予的美元价值。

（3）占用临时营地的工作量。

（4）1102 个营地中合同办公室占用的百分比。

由于本项目研究使用的数据集相对较小，因此，这些研究结果不能代表全部结果。通过比较三种数据分析方法的适用性可以看出，决策树和逐步回归的可扩展性较好，并且同时适用于规模有限和规模较大的数据，而神经网络适合较大规模数据，对小规模数据其作用有限。

当前的国防采办团队使用很多不同的数据库来记录特定的采办和合同数据，在这些数据中，有些是结构化的，还有些是非结构化的。本节对服务采办的关键驱动因素进行分析，实际上，大数据分析的最佳途径是将大数据分析技术同时应用于采办系统的输入和输出，从而进一步探索采办输入和输出之间的关系。

8.3　装备维修决策的大数据分析

本节介绍美国海军研究生院提出的一种可视化方法，通过更好地汇总和

分析舰船维修过程中的大数据，从而更好地为维修过程服务。

8.3.1 研究背景

装备的使用和维修费用占据着装备全寿命周期费用的很大比例。美国海军装备分为三级维修：

- 基地级维修：完成的工作最复杂，工作量也最大。
- 中继级维修：比基地级维修工作复杂度低，一般是在修理车间或维修中心完成维修工作。
- 野战级维修：普通的一线维修。

目前美国海军运行着 17 个主要的维修基地，每年维修花费大约 9800 万个直接劳动力小时（Direct Labor Hours，DLHs）。美国海军拥有世界上规模最为庞大的舰艇编队，以 2011 财年为例，美国海军仅在其驱逐舰上的开支就超过了 6.82 亿美元，在所有舰船上的维修开支超过 85 亿美元。为了维持舰队的作战可用性并提高维修的效率，需要对舰船维修的过程进行优化。

在美国海军的舰船维修过程中，目前使用了 150~200 个参数来衡量舰船的维修过程，舰船的维修过程包含了十亿多个数据点，目前这些数据大多是静态的电子表格，美国海军研究生院提供了一种新的可视化方法，该方法通过对维修过程的数据进行汇总分析，从而使决策者更好地理解维修成本和进度超出计划的成因，最终为维修决策服务。

舰船维修本身已经是一项非常昂贵的工作，出现新的工作或延期维修将会以预算和进度超支的形式增加流程成本。进度和预算的超支信息可供决策者使用，但是目前的电子表格的形式不够直观，难以供决策者做出减少新的工作和延期工作的措施。舰船维修管理者需要利用大数据技术来更加清楚地显示所有变量之间的关系，特别是那些导致成本增加和进度延期的变量。本节将使用大数据的可视化技术，对海军舰船的历史维修信息进行可视化，进而为决策者提供更加清晰和直观的维修成本可视化方案。

8.3.2 研究方法和过程

该项目是美国海军舰船项目执行办公室委托海军研究生院完成的。项目的研究过程如下。

第Ⅰ阶段：数据收集。

收集了 2010—2013 年间 19 艘导弹驱逐舰的维修数据，包括 21 项维修

可用性的数据，如三种维修类型的实际成本和可用性数据。

第Ⅱ阶段：仿真。

使用知识增值（Knowledge Value Added，KVA）的方法，分别对维修过程中使用 3D 打印、3D 激光扫描技术和协同产品寿命周期管理进行了仿真分析。

第Ⅲ阶段：分析和结果呈现。

使用可视化工具对结果进行可视化，包括维修成本的预测、实际的维修工作成本、纳入新技术后的成本估计等。

首先对维修的预算成本进行了分析，然后将实际成本和预算成本进行比较，接下来详细讨论使用不同技术对舰船维修成本的潜在影响的分析，最后结合常见的舰船维修指标对分析结果进行进一步讨论。

8.3.3 结果和结论

对 19 艘舰船的维修成本和维修工作进行仿真分析，并对使用 3D 打印和（记为仿真 1）使用 3D 打印、3D 扫描和协同式全寿命周期管理的情况进行仿真（记为仿真 2），同时将仿真分析结果和实际结果进行比较。

1. 仿真分析结果的表格显示

首先使用电子表格对仿真结果进行显示，按照不同舰船的实际成本和按照不同维修工作的成本比较如表 8-1 和表 8-2 所示。

表 8-1　按照不同舰船的实际成本比较（成本单位：百万美元）

舰　船	预计成本	实际成本	预计变化	仿真 1	与实际比较	仿真 2	与实际比较
Barry	48.0	70.1	46.0%	65.8	−6.1%	43.9	−37.3%
Arleigh Burke	46.9	58.0	23.6%	56.4	−2.6%	35.7	−38.4%
Ramage	46.3	57.2	23.5%	55.9	−2.3%	35.7	−37.5%
Donald Cook	21.4	36.3	69.7%	36.2	−0.2%	22.9	−36.7%
Stout	45.4	63.2	39.0%	64.1	1.4%	38.6	−38.8%
其余	105.6	150.5	42.5%	147.5	−1.9%	94.1	−37.4%
总计	313.6	435.3	—	425.9	—	270.9	—

表 8-2　按照不同维修工作的成本比较（成本单位：百万美元）

舰　　船	预计成本	实际成本	预计变化	仿真 1	与实际比较	仿真 2	与实际比较
初始工作	313.7	313.7	0.0%	307.3	−2.0%	195.4	−37.4%
增加的工作	0	47.1	100%	45.7	−3.0%	28.1	−40.2%
新的工作	0	66.8	100%	65.5	−1.9%	43.0	−35.6%
新增加的工作	0	7.7	100%	7.4	−3.9%	4.5	−41.6%
总计	313.7	435.3	—	425.9	—	271.0	—

2．可视化模型

通过可视化模型，将电子表格的数据映射到可视化软件中。可视化模型如图 8-18 所示。

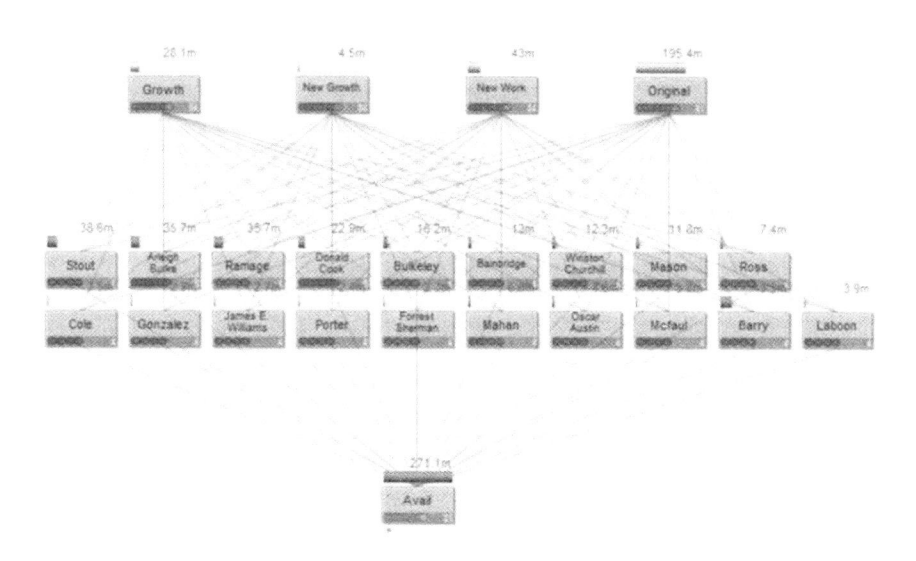

图 8-18　可视化模型

在图 8-18 中所示的可视化模型中，顶部的 4 个元素表示的是 4 个成本类别，中间部分是按照名称显示的 19 艘舰船，在底部则是可用性，组合框之间的线条描述了其连接关系。模型中各个组合框的上方用一个数字表示总的成本，此外，成本数字和组合框之间的水平条表示该部分对总的可用性的贡献。

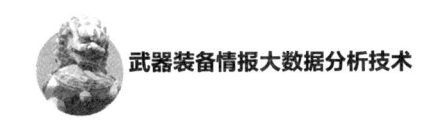

3. 仿真分析结果的可视化

使用一种日形图来更加直观地表示仿真分析结果。例如，使用日形图对所有舰船的维修成本的可视化表示如图 8-19 所示。

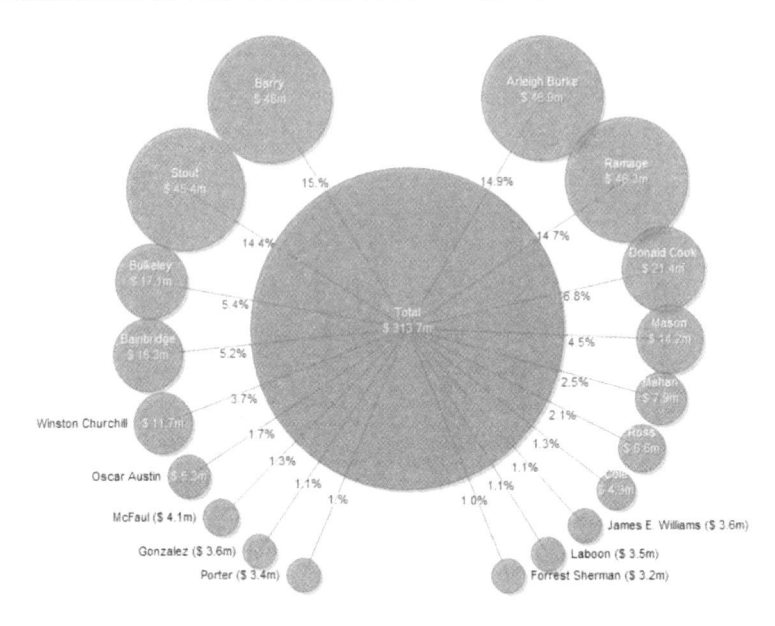

图 8-19　所有舰船的维修成本的可视化表示

图 8-19 中表示的是一种最简单的情况，中央的父节点表示总的维修成本，周围的子节点表示各舰船的维修成本，因此，父节点是所有子节点之和。另外，图 8-19 中节点的大小也反映了各个节点维修成本的相对大小。

还可以使用类似的图对各舰船的不同维修成本进行可视化，图 8-20 中显示的是排名前 5 的舰船的各个维修类型成本。

通过日形图，可以清楚地看到各个舰船以及每个舰船的各项维修工作的成本，相比电子表格，这样的数据可视化方法非常便于决策者看到各个舰船和维修工作占据的总的维修成本份额。

4. 不能工作天数与维修成本的相关性

不能工作天数（Lost Operating Days，LOD）长期以来用于衡量舰船维修过程的维修指标。LOD 指标经常在海军海上系统司令部地区维修中心的报告中出现，用于表示舰船引起的延迟。对高层决策者而言，舰船维修的一个

第 8 章 武器装备情报大数据分析案例

重要指标是成本，因此有必要将这两者进行关联。LOD 与实际成本相关性的气泡图如图 8-21 所示。

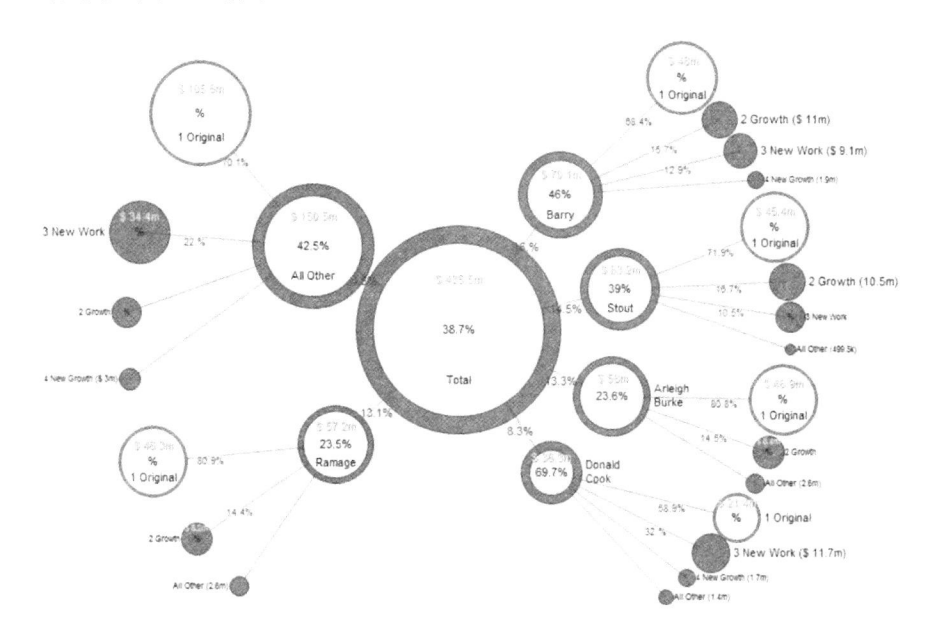

图 8-20 排名前 5 的舰船的各个维修类型成本

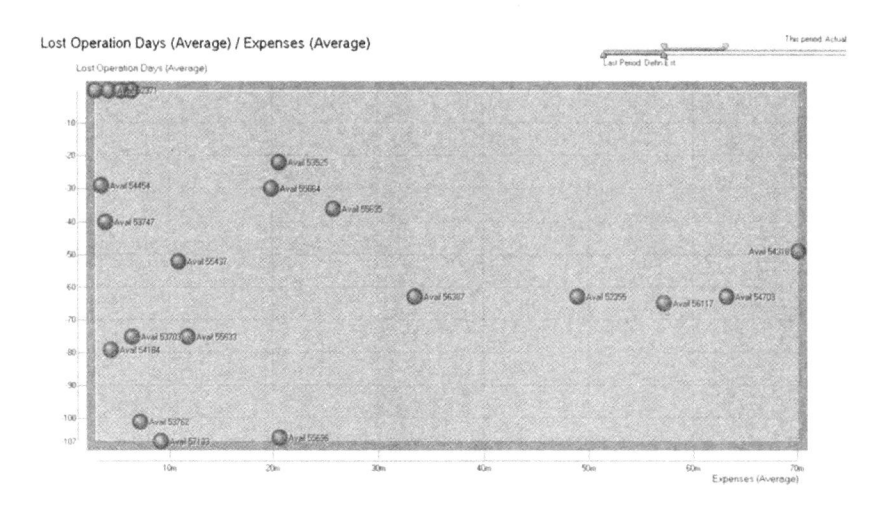

图 8-21 LOD 与实际成本相关性的气泡图

图 8-21 中，横轴表示维修的实际成本，范围是 0～7000 万美元；纵轴表示平均损失的运行天数，范围是-107～0，负值表示损失的运行天数。散布

在整个图上的数据点表示各个舰船可用性的损失天数和成本。

从以上分析可以看出,可视化不仅是一种结果的呈现技术,而且本身也是一种分析技术。大数据可视化软件提供了一种以直观的方式聚合大量数据的方法,从而可以使决策者快速识别趋势,了解导致进度和成本超支的驱动因素,从而为维修决策的制定和维修过程的优化提供依据。

参 考 文 献

[1] 霍耶尔，弗森. 情报分析：结构化分析方法[M]. 张魁，夏儒锋，刘耀军，刘莉，等译. 北京：金城出版社，2018.
[2] 包昌火. 情报研究方法论[M]. 北京：科学技术文献出版社，1990.
[3] 李广建，等. 大数据分析与情报分析关系辨析[J]. 中国图书馆学报，2014(8).
[4] 张娟，等. 大数据时代的美国信息网络安全新战略分析[J]. 信息网络安全，2012(8).
[5] 马建光. 大数据的概念、特征及其应用[J]. 国防科技，2013(12).
[6] 梁陶. 构建以假设为核心的战略预测评估方法[M]. 北京：时事出版社，2017.
[7] 张晓军. 军事情报学[M]. 北京：军事科学出版社，2001.
[8] 张晓军，等. 美军军事情报理论研究[M]. 北京：军事科学出版社，2007.
[9] 翟晓敏，等. 军事情报分析与预测[M]. 北京：国防大学出版社，2000.
[10] 郎茂祥. 预测理论与方法[M]. 北京：清华大学出版社，2011.
[11] 余序讲，等. 技术管理与技术预测[M]. 北京：清华大学出版社，2008.
[12] 克拉克. 情报分析：以目标为中心的方法[M]. 马忠元，译. 北京：金城出版社，2013.
[13] 徐芳. 情报分析方法研究进展[J]. 情报理论与实践，2009(8).
[14] 范高龙，张代平，姜少娥，等. 武器装备建设情报研究对策探讨[J]. 情报理论与实践，1999, 22(5): 3.
[15] 甘翼，王良刚，黄金元，等. 大数据和人工智能时代的情报分析和技术探索[J]. 电讯技术，2018, 58(5): 506-513.
[16] 王万良，张兆娟，高楠，等. 基于人工智能技术的大数据分析方法研究进展[J]. 计算机集成制造系统，2019, 25(3): 529-547.

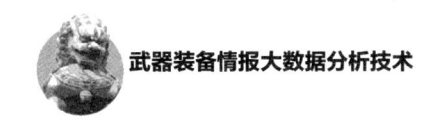

[17] 任磊, 杜一, 马帅, 等. 大数据可视分析综述[J]. 软件学报, 2014, 25(9): 1909-1936.

[18] SHANE P HAMILTON, MICHAEL P KREUZER. The Big Data Imperative: Air Force Intelligence for the Information Age [J]. Air & Space Power Journal, March 2018.

[19] PAUL B SYMON, ARZAN TARAPORE. Defense Intelligence Analysis in the Age of Big Data [J]. Defense Intelligence and Big Data, 4th Quarter 2015.

[20] 蒋盘林. 大数据通用处理平台及其在 ISR 领域的潜在军事应用[J]. 通信对抗, 2013, 23(3): 1-5.

[21] LANCE MENTHE, DAHLIA ANNE GOLDFELD, ABBLE TINGSTAD, et al. Technology Innovation and the future of Air Force Intelligence Analysis, Volume 2: Technical Analysis and Supporting Material [R]. Published by RAND Cooperation, 2021.

[22] LANCE MENTHE, DAHLIA ANNE GOLDFELD, ABBLE TINGSTAD, et al. Technology Innovation and the future of Air Force Intelligence Analysis, Volume 1: Findings and Recommendations [R]. Published by RAND Cooperation, 2021.

[23] DENIEL ISH, JARED ETTINGER, CHRISTOPHER FERRIS. Evaluating the Effectiveness of Artificial Intelligence Systems in Intelligence Analysis [R]. Published by RAND Cooperation, 2021.

[24] PEYAKUNTA BHARGAVI, JYOTHI SINGARAJU. Machine Learning Algorithms in Big data Analytics [C]. Article in INTERNATIONAL JOURNAL OF COMPUTER SCIENCES AND ENGINEERING, 2018.

[25] LIDONG WANG, CHERYL ANN ALEXANDER. Machine Learning in Big Data[J]. International Journal of Mathematical, Engineering and Management Sciences 2016, 1(2):52-61.

[26] BEN CONNABLE. Military Intelligence Fusion for Complex Operations: A New Paradigm [R]. Published by RAND Cooperation, 2012.

[27] 上下隆义. 图解深度学习[M]. 张弥, 译. 北京: 人民邮电出版社, 2018.

[28] LORNE TEITELBAUM. The Impact of the Information Revolution on Policymakers' Use of Intelligence Analysis [R]. Published by RAND Cooperation, 2005.

[29] YING ZHAO, DOUGLAS J. MACKINNON, SHELLEY P. Gallup. Lexical Link Analysis (LLA) Application: Improving Web Service to Defense Acquisition Visibility Environment [R]. Naval Postgraduate School, 2015.

[30] YING ZHAO, DOUGLAS J. MACKINNON, SHELLEY P. Gallup. Leveraging Lexical Link Analysis (LLA) To Discover New Knowledge [C]. Military Cyber Affairs, 2016, 2(1).

[31] DONALDSON, ISAAC J. Visualization of big data through ship maintenance metrics analysis for fleet maintenance and revitalization [R]. Naval Postgraduate School, 2014.

[32] MICHAEL DIXON, UDAY APTE, RENE RENDON. Big Data Analysis of Contractor Performance Information for Services Acquisition in DoD: A Proof of Concept [R]. Naval Postgraduate School, 2015.

[33] YING ZHAO. Big Data and Deep Learning for Defense Acquisition Visibility Environment (DAVE)—Developing NPS Student Thesis Research. [R]. Naval Postgraduate School, 2017.

[34] U.S. Government Accountability Office. SERVICE ACQUISITIONS: DOD's Report to Congress Identifies Steps Taken to Improve Management, But Does Not Address Some Key Planning Issues [R]. Government Accountability Office, 2021.

[35] Congressional Budget Office. The Capacity of the Navy's Shipyards to Maintain Its Submarines [R]. Congressional Budget Office, 2021.

[36] SAS. SAS Enterprise Miner: Tutorials and Examples[R]. SAS Documentation, 2018.

[37] 王涛. 数据流挖掘分类方法关键技术研究[D]. 长沙：国防科技大学, 2007.

[38] R AGGRAWAL, T IMIELINSKI, A N SWAMY. Database mining: A performance perspective[J]. IEEE Transaction on Knowledge and Data Engineering, 1993. 5(6): 914-925.

[39] M S CHEN, J HAN, YU. PHILIPS. Data mining: An overview from database perspective[J]. IEEE Transactions on Knowledge and Data Engineering, 1996. 8(6): 866-883.

[40] 韩，坎伯. 数据挖掘：概念与技术[M]. 范明，孟小峰，译. 北京：机械工业出版社，2001.

[41] J C SCHLIMMER. Acquisition through representational adjustment Irvine[D]. University of California, Department of Information and Computer, 1987.

[42] G WIDMER, M KUBAT. Learning in the presence of concept drift and hidden contexts[J]. Machine Learning, 1996. 23(1): 69-101.

[43] M LAST. Online classification of nonstationary data streams[J]. Intelligent Data Analysis, 2002. 6(2): 129-147.

[44] J GAMA, P MEDAS, R ROCHA. Forest trees for on-line data[D]. Proceedings of the 2004 ACM Symposium on Applied Computing, 2004:632-636.

[45] G HULTEN, L SPENCER, P DOMINGOS. Mining time-changing data streams[C]. The ACM International Conference on Knowledge Discovery and Data Mining, 2001.

[46] G HULTEN, P DOMINGOS, L SPENCER. Mining massive data streams[J]. Journal of Machine Learning Research, 2005.

[47] U M FAYYAD, K B IRANI. On the handing of continuous-valued attributes in decision tree generation[J]. Machine Learning, 1992, 8: 87-102.

[48] U M FAYYAD, K B IRANI. On multi-interval discretization of continuous-valued attributes for classification learning[C]. The 13th International Joint Conference on Artificial Intelligence(ICJAI), 1993.

[49] J HAN, M KAMBER. Data mining: Concepts and techniques[M]. Morgan Kaufmann, 2001.

[50] W HOEFFDING. Probability inequalities for sums of bounded random variables[R]. American Statistical Association, 1963, 58: 13-30.

[51] R JIN, G AGRAWAL. Efficient decision tree construction on streaming data[C]. The ACM SIGKDD 9th International Conference on Knowledge Discovery and Data Mining, 2003.

[52] M GUETOVA, HOLLDOBTER, H P STORR. Incremental fuzzy decision trees[C]. The 25th German Conference on Artificial Intelligence (KI2002), 2002.

[53] H WANG, W FAN, P YU, et al. Han. Mining concept-drifting data streams using ensemble classifiers[C]. The 9th ACM International Conference on Knowledge Discovery and Data Mining (SIGKDD), 2003.

[54] PEDRO DOMINGOS, GEOFF HULTEN. A general framework for mining massive data streams[J]. Computational and Graphical Statistics, 2003.

[55] 谢千慧. 一个适用于概念漂移资料串流探勘之研究[D]. 台南师范学院，2004.